DROIT ROMAIN

DES PEINES
QUI EMPORTAIENT PRIVATION
DE LA
LIBERTÉ NATURELLE

DROIT FRANÇAIS

ÉTUDE COMPARÉE DE LA TRANSPORTATION
ET DE
L'EMPRISONNEMENT CELLULAIRE
AUX DEUX POINTS DE VUE RÉPRESSIF ET MORALISATEUR
ÉTAT DE LA QUESTION EN FRANCE ET DANS QUELQUES PAYS

THÈSE POUR LE DOCTORAT

Présentée et soutenue le mercredi 28 janvier 1880, à midi

PAR

Georges DASSONVILLE

Avocat à la Cour d'appel de Paris,
Attaché au cabinet du Garde des sceaux,
Lauréat de la Faculté de droit de Douai (3ᵉ année, 1875-1876, 2ᵉ médaille de
droit français).

PARIS

A. PARENT, IMPRIMEUR DE LA FACULTÉ DE MÉDECINE
31, RUE MONSIEUR LE-PRINCE, 31

1880

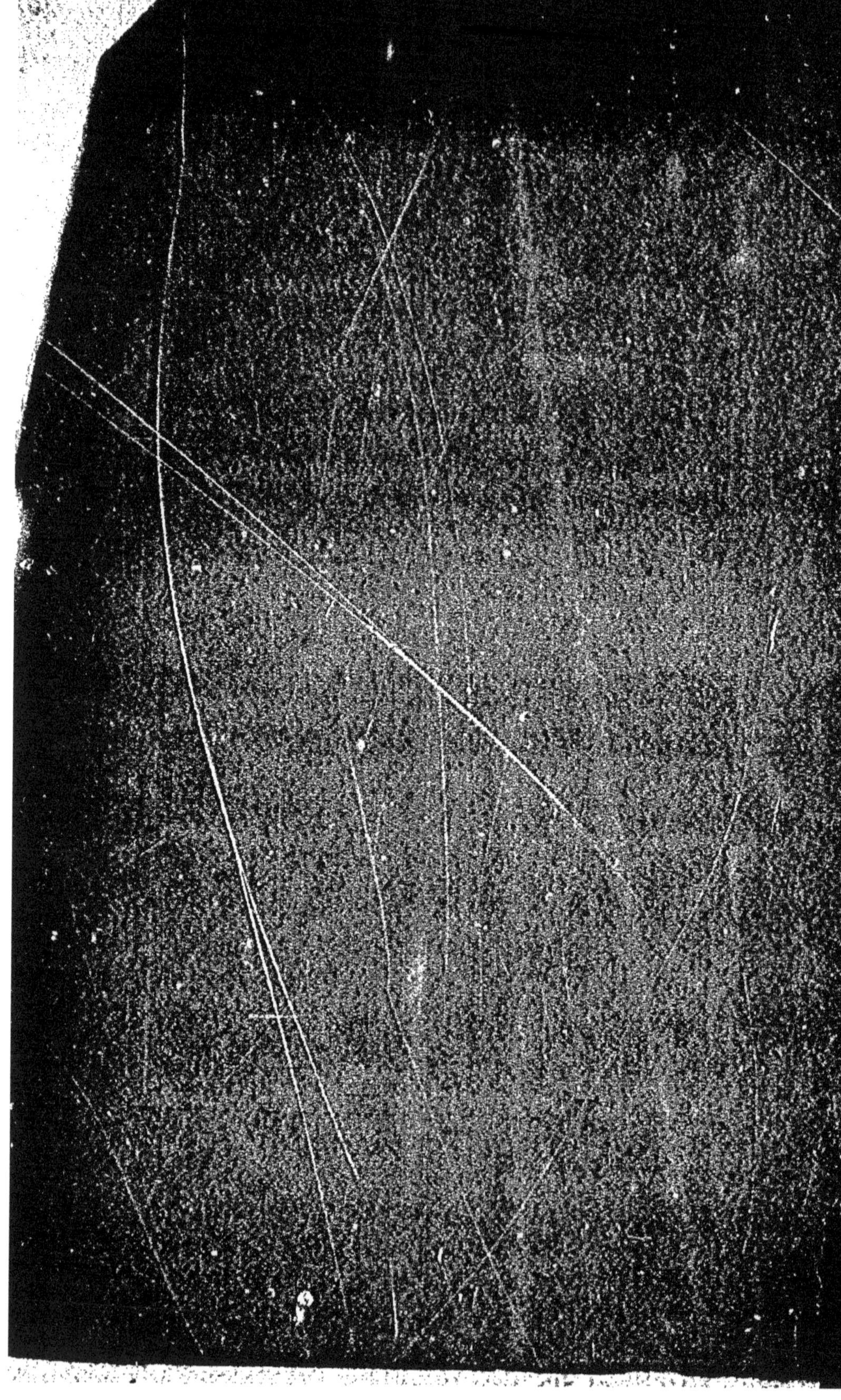

DROIT ROMAIN

DES PEINES
QUI EMPORTAIENT PRIVATION
DE LA
LIBERTÉ NATURELLE

DROIT FRANÇAIS

ÉTUDE COMPARÉE DE LA TRANSPORTATION
ET DE
L'EMPRISONNEMENT CELLULAIRE
AUX DEUX POINTS DE VUE RÉPRESSIF ET MORALISATEUR
ÉTAT DE LA QUESTION EN FRANCE ET DANS QUELQUES PAYS

THÈSE POUR LE DOCTORAT
Présentée et soutenue le mercredi 28 janvier 1880, à midi

PAR

Georges DASSONVILLE
Avocat à la Cour d'appel de Paris,
Attaché au cabinet du Garde des sceaux,
Lauréat de la Faculté de droit de Douai (3ᵉ année, 1875-1876, 2ᵉ médaille de
droit français).

Président :	M. LABBÉ,	Professeur.
	MM. BUFNOIR,	
	LÉVEILLÉ,	Professeurs.
Suffragants :	DESJARDINS,	
	LYON-CAEN,	
	LAINÉ,	Agrégés.

PARIS

A. PARENT, IMPRIMEUR DE LA FACULTÉ DE MÉDECINE
31, RUE MONSIEUR-LE-PRINCE, 31

1880

A MON PÈRE ET A MA MÈRE

A LA MÉMOIRE DE MON FRÈRE JULES

A MA FAMILLE

A MES AMIS

DROIT ROMAIN

Des peines qui emportaient privation de la liberté naturelle.

Avant d'aborder l'examen détaillé des peines qui à Rome privaient le citoyen de sa liberté naturelle, il nous paraît indispensable de faire un exposé succinct de l'administration de la justice criminelle et de faire ressortir les caractères généraux de cette partie de la législation.

A l'origine il n'y avait pas à Rome de lois criminelles proprement dites. Un forfait était-il commis, le coupable était déféré au peuple, qui prenait telle mesure qu'il jugeait convenable. Quelquefois le peuple déléguait ses pouvoirs aux rois ou à des citoyens spécialement désignés à cet effet, mais l'accusé pouvait toujours en appeler au peuple, juge suprême (1). La loi des Douze-Tables vint confirmer ce pouvoir du peuple. Nous en trouvons un exemple frappant dans l'acquittement d'Horace, coupable d'avoir tué sa sœur.

(1) Cicéron. De republica, II, 31. Pro Milone. 3. De oratore, II, 49. — Tite-Live, III, 55. — Denys d'Halicarn., XI, 45.

Ceratins crimes, notamment la concussion des magistrats, furent en l'au 603, sur la proposition du tri-
bun C. Calpurnius Piso, déférés à un jury, composé do
sénateurs et présidé par un préteur appelé quæstor.
L'obligation do choisir les membres do co jury sur uno
liste permanente dressée par le préteur fit donner à
l'institution le nom de quæstio perpetua. Ces tribunaux
permanents virent leur influence augmenter de jour en
jour, et vers la fin de la République leur compétence devint la règle. Le droit do figurer sur la liste des jurés,
passa successivement des sénateurs aux chevaliers, et
des chevaliers aux sénateurs, et ainsi à diverses reprises.

Depuis quo des changements s'étaient opérés dans
l'administration do la justice répressive, tout citoyen
pouvait so porter accusateur public. Le droit d'appel
n'existait plus.

Quels étaient les caractères généraux do cette législa-
lation pénale? Nous pouvons dire dès maintenant,
sans crainte d'être taxé d'exagération, que cette partie de la législation do Rome n'était pas, à beaucoup
près, aussi avancée quo nos législations actuelles. Il
faut être juste cependant et reconnaître que les jurisconsultes romains avaient déjà proclamé des principes
salutaires; je n'en veux pour preuve que ces deux règles, aujourd'hui universellement admises : la première,
c'est qu'il faut interpréter les dispositions pénales de
la manière la plus favorable, « Interpretatione legum
« pœnæ molliendæ sunt potius quam asperandæ » (1);

____

(1) Loi 42, Dig. de pœnis, Hermog., XLVIII, 19.

la seconde peut se formuler ainsi : « Toute peine doit être personnelle. » Le jurisconsulte Paul nous dit, en effet, dans la loi 20 Dig. de pœnis (XLVIII, 19) : « Si pœna alicui irrogatur, receptum est commentitio jure, ne ad heredes transeat. » Un texte de Callistrate vient aussi confirmer l'exactitude de ce principe (1).

A côté de ces règles de justice et d'équité, il en est malheureusement d'autres qui révèlent un état de législation encore peu avancé : ce sont l'absence complète du principe d'égalité dans les peines, et l'arbitraire dans leur détermination. Ce premier principe, que nous rencontrerons à chaque pas, aura le privilège d'attirer tout particulièrement notre attention.

Habitués à vivre au milieu d'une société démocratique, il nous parait naturel que tous les hommes jouissent des mêmes droits, soient soumis aux mêmes châtiments; aussi cette partie de la législation romaine, établissant au point de vue des peines diverses catégories de personnes, nous semble-t-elle inique et monstrueuse. Reportons-nous un instant en arrière, consultons notre propre histoire; il n'y a pas si longtemps que nous jouissons de ce principe bienfaisant de l'égalité. Comment pourrions-nous nous étonner que les Romains l'aient ignoré, lorsqu'au xviiie siècle nos pères faisaient encore des distinctions entre le noble et le roturier, qu'ils faisaient subir aux uns la torture, alors que les autres en étaient exempts.

____

(1) Loi 26, Dig. de pœnis, Callist., XLVIII, 19.

Il y avait à Rome deux classes de personnes : d'une part, le citoyen romain avec ses privilèges, ses prérogatives ; de l'autre, l'étranger, le barbare, soumis au peuple romain, considéré comme placé hors la loi, et pour lequel il n'existait aucun droit, aucune protection sérieuse. Ces privilèges accordés au citoyen romain étaient surtout sensibles et choquants en matière pénale. Partout les mêmes distinctions injustes, dans la procédure, dans l'application des peines, dans leur exécution et jusque dans les moindres détails. Lorsque la constitution d'Antonin Caracalla eut conféré le titre de citoyen romain à presque tous les sujets de l'empire, la distinction s'établit entre les personnes d'une condition inférieure et celles d'une classe plus élevée ; les humiliores d'un côté, les honestiores de l'autre. Les provinciaux, les gens de basse condition, les humiles, les tenuiores, ceux dont l'existimatio était altérée par l'infamie, subissaient des peines plus rigoureuses que les honestiores, et que ceux dont la considération était intacte. Ces derniers jouissaient de garanties exorbitantes, que n'accorde plus aujourd'hui aucune législation. Un décurion ne pouvait être condamné ni aux mines, ni à la potence, ni à être brûlé, ni aux travaux publics, ni à l'exposition aux bêtes ; ses ascendants ou descendants jouissaient du même privilège... «Decuriones in metallum damnari non possunt... »(1). Quant aux esclaves, Callistrate nous apprend que de tout temps ils furent punis plus sévèrement que les hommes libres (2). « Majores

(1) Loi 9, § 11, Dig. Ulp., XLVIII, 19.
(2) Loi 28, § 16, Dig. Callist., XLVIII, 19.

nostri in omni supplicio severius servos, quam liberos famosos, quam integræ famæ homines, punierunt. » Les lois Cornelia de veneficiis et sicariis, Cornelia testamentaria, les lois Julia de vi publicâ et privatâ, Julia majestatis, nous fournissent de nombreux exemples de cette inégalité dans les peines.

Un passage bien connu de Tite-Live (1) semble contredire nos allégations. Heureusement il n'en est rien; il suffit de remarquer à quel point de vue s'est placé l'auteur et à quelle époque il a vécu pour acquérir la certitude que les opinions émises par nous ne sont nullement en contradiction avec celles de l'historien. Il s'agit de l'écartèlement du chef albain Mettius, sous le règne de Tullus Hostilius. C'est là, dit Tite-Live, un exemple de cruauté unique dans la législation romaine, et il termine en vantant la douceur des lois pénales de son pays. « Gloriari licet nulli gentium mitiores habuisse pœnas. » L'amour de la patrie aveugle ici l'historien : il faut tout au moins lui rendre cette justice qu'en écrivant ces lignes il était probablement de bonne foi.

Les esclaves, en effet, n'étaient pas considérés comme des hommes, ils étaient placés hors la loi, les prudents eux-mêmes ne se demandaient pas s'ils n'avaient pas droit à quelque sollicitude de leur équité. Qu'y a-t-il d'étonnant à ce que Tite-Live les ait omis et ait oublié de comparer les peines subies par eux à celles des citoyens romains. A ces derniers, en effet,

(1) Tite-Live, I, 28, X, 9.

étaient réservées des peines relativement douces, surtout depuis l'époque où l'on put, par un exil volontaire, échapper à toute répression corporelle. Tite-Live
est mort sous le règne d'Auguste et n'a pu être témoin des peines infligées par les successeurs de cet
empereur. Ce texte ne saurait donc en aucune façon
modifier les idées que nous avons émises sur la rigueur
des lois pénales romaines.

Ce qui doit nous étonner, c'est non pas la douceur
des lois pénales à l'égard des citoyens, mais l'existence
même de ces lois. « Un citoyen romain, dit M. Labou-
laye, quelle que fut la bassesse de sa condition, était un
des maîtres du monde, et des fers ne devaient point
blesser ces mains souveraines (1). » Le citoyen était
un dépositaire de la puissance publique, et comme
tel inviolable. « Nous tenons de nos ancêtres, disait
Cicéron, qu'un citoyen romain ne peut perdre ni la
liberté, ni le droit de citoyen qu'en les aliénant lui
même (2). » Cette inviolabilité fut consacrée en l'an de
Rome 654 par une loi de M. Porcius Caton qui défendait aux magistrats de faire frapper ou mourir un citoyen romain ou de le réduire en servitude. Le peuple seul, assemblé en centuries, pouvait juger un des
siens et lui appliquer les peines capitales.

Cela nous montre combien était grand le respect
attaché au titre de citoyen romain. Quels étaient
les moyens employés par les jurisconsultes romains
pour concilier ce caractère sacré du citoyen avec l'obli-

---

(1) Essai sur les lois criminelles, p. 40.
(2) Cicéron. Pro Domo, 39.

gation pour la société d'infliger un châtiment au coupable ? Car si la qualité de citoyen exigeait ce respect de la personne, la nécessité de réprimer les crimes, qui pouvaient compromettre la sûreté de l'Etat, ne s'en faisait pas moins sentir. La peine de l'aquæ et ignis interdictio fut un des moyens imaginés par les jurisconsultes pour contraindre indirectement un citoyen à se dépouiller de ce titre, en s'exilant de l'Italie. Mais on ne pouvait laisser sortir impunis de Rome tous les coupables ; on eut recours à un procédé souvent employé dans les matières du droit civil, à une fiction. La servitude de la peine n'était vraisemblablement qu'une voie détournée pour sauvegarder à la fois le principe d'inviolabilité du citoyen et l'application des peines capitales. Dès le moment où l'accusé était atteint par la sentence, il devenait esclave de la peine (servus poenæ). Il ne lui était plus permis de faire entendre ce cri fameux : « Civis sum romanus. » Rome lui retirait sa protection : ce n'était plus un citoyen, mais un esclave, il pouvait marcher au supplice.

DE LA DIVISION DES PEINES.

La loi des Douze Tables avait établi le talion ; c'était plutôt une réparation civile accordée à la partie lésée qu'une véritable peine. Ainsi elle adjugeait le voleur manifeste comme esclave à celui qu'il avait dépouillé. Ce système, reposant sur l'idée de vengeance privée (wergeld), n'était pas de nature à satisfaire longtemps l'esprit juridique des Romains. Il présentait de nombreux inconvénients : il pouvait se faire, par exemple, que la victime n'osât pas agir contre un coupable trop puissant ; le besoin d'établir des peines publiques, afin de ne laisser aucun crime impuni, se fit bientôt sentir. Les peines prescrites par les anciennes lois étaient au nombre de huit : l'amende, la prison, le bâton, la peine du talion, la perte de l'honneur, l'exil, l'esclavage et la mort (1). Sous les empereurs, on en adjoignit d'autres espèces qui donnèrent lieu à plusieurs classifications.

Examinons rapidement les principales de ces classifications.

Il y avait des peines à la fois afflictives et infamantes ; d'autres simplement afflictives ; d'autres simplement infamantes ; puis des amendes ou peines pécuniaires.

Peines afflictives et infamantes : mort, travaux forcés perpétuels ou temporaires, in metallum ou in salinas, exil ou déportation dans une île, travaux forcés in opus metalli.

Les peines infamantes seulement consistaient dans la privation de la qualité de citoyen ou de certains droits civiques et civils.

Peines simplement afflictives : les châtiments corporels (corporis coercitio) comme la fustigatio, l'ictus fustium, la flagellatio, la flagellorum castigatio et la vinculorum verberatio ; la condamnation temporaire aux tra-

(1) Cicéron cité par Saint-Augustin, De civitate Dei, XXI, 11. — Caroli Sigonii, de judiciis, liber secundus, caput tertium, de poenis.

vaux publics (in opus publicum); la relégation sur le continent ou dans une île.

L'amende (mulcta legis) formait une catégorie à part dans l'ordre des pénalités.

Parmi les peines pécuniaires il faut placer la confiscation des biens du condamné.

La marque était une peine accessoire.

L'emprisonnement n'est pas compris dans cette classification générale; nous aurons à nous demander s'il y avait là véritablement une peine reconnue par la loi.

La plus fréquente était la division des peines en capitales et non capitales.

On entendait par peine capitale celle qui enlevait au condamné la vie, le droit de cité ou la liberté, celle qui atteignait le condamné dans son caput (1). « Rei ca-« pitalis damnatum sic accipere debemus, ex quâ causâ « damnato vel mors, vel etiam civitatis amissio, vel « servitus contingit. » Toute autre peine était réputée non capitale.

Les peines capitales étaient la peine de mort (ultimum supplicium), la condamnation aux mines et aux travaux des mines, l'interdiction de l'eau et du feu et la déportation dans une île, les travaux publics perpétuels (2).

Les peines non capitales étaient celles qui ne privaient

(1) Loi 103, Modestin, Dig. de verbor. signif., L, 16. — Loi 2, pr. Ulp. Dig. de pœnis, XLVIII, 19. — Inst. Just., IV, 18, § 2.

(2) Loi 21, Celsus, Dig. de pœnis, XLVIII, 19. — Loi 28, pr. Dig. Hoc titulo Code, Lib. IX, tit. XLVII, const. 1, Titius, Œlius et Antoninus.

pas la cité d'une tête : on trouvait la relégation, la condamnation à temps aux travaux publics, la bastonnade, l'amende (1).

Nous avons été obligé de passer en revue les diverses classifications des peines afin de montrer quelle était l'économie du système pénal des Romains. Nous nous proposons d'étudier les peines à un tout autre point de vue. Quelles étaient à Rome les peines qui emportaient privation de la liberté naturelle; tel sera l'objet de ce travail. Notre intention est de traiter exclusivement de la privation du droit de locomotion, c'est-à-dire du droit d'aller et de venir.

Nous étudierons successivement et en détail, d'abord parmi les peines capitales, la condamnation aux mines ou aux travaux des mines (in metallum aut in opus metalli), la déportation et la condamnation aux travaux publics à perpétuité; parmi les peines non capitales, la relégation et la condamnation aux travaux publics à temps. Toutes ces peines ont un caractère commun, elles privent plus ou moins le condamné de sa liberté naturelle. Deux questions devront être préalablement examinées : Comment le législateur romain a-t-il résolu le difficile problème de la détention préventive ? L'emprisonnement constituait-il véritablement une peine dans l'acception légale de ce mot ? L'étude des diverses peines énumérées plus haut une fois faite, nous aurons à rechercher lesquelles d'entre elles pouvaient être infligées aux esclaves. Enfin, dans un

______

(1) Loi 28, § 1, Callist. Dig. de pœnis, XLVIII, 19.

dernier chapitre, nous étudierons un effet commun à toutes les peines capitales, la confiscation.

DE LA DÉTENTION PRÉVENTIVE.

Un principe bien ancien s'opposait à l'arrestation provisoire des accusés. Un procès criminel était une espèce de lutte entre l'accusateur et l'accusé, les Romains voulaient que les armes fussent les mêmes des deux côtés. Sous la République l'obligation de fournir caution était la seule garantie de la comparution de l'accusé au jour du jugement. Peu à peu la nécessité de donner caution disparut, et il ne resta d'autre garantie de la comparution de l'accusé que la crainte de quitter la patrie sans esprit de retour.

En principe la détention préventive n'existait pas à Rome, sauf dans des cas exceptionnels.

Quatre moyens pouvaient être employés pour la garde des accusés. C'était aux magistrats à décider si les accusés devaient être laissés libres sur parole, confiés à des répondants, livrés à la garde des soldats, ou mis en prison ; cela dépendait de la nature du crime imputé, des honneurs dont les accusés étaient revêtus, de leur fortune et de l'opinion qu'on avait de leur moralité ou de la dignité de leur caractère (1).

(1) Sall. Cat., 47. Tite-Live, XXIX, 11. — Tacite, VI, 3. — Loi 1, Ulp. Dig. de cust. et exhib. reorum, XLVIII, 3.

Nous n'avons rien à dire de ceux qu'on laissait libres sur parole. Un rescrit d'Antonin le Pieux décide qu'il ne faut pas mettre dans les fers l'accusé disposé à fournir un répondant. — S'il ne se présentait pas devant ses juges au jour fixé, le répondant encourait une peine pécuniaire destinée à remplacer dans une certaine mesure la vindicte publique.

Le troisième moyen employé consistait à confier la garde des accusés à des soldats; ce système reconnu dangereux n'était guère employé. Des mesures étaient ri ses pour empêcher la fuite de l'accusé, et des peines établies contre les soldats coupables. On ne confiait jamais à un seul homme, mais à deux le soin de veiller sur l'accusé: en cas de fuite, on châtiait les soldats préposés à sa garde, ou on les faisait changer de corps suivant l'importance de la faute commise.

Si l'accusé avait commis un crime tel qu'il ne fût pas possible de le confier à des répondants ou à des soldats, et qu'il en fit l'aveu, il était mis en prison jusqu'au jour du jugement (1). Il était de principe que personne ne pouvait être incarcéré que par ordre des magistrats ou des défenseurs des cités (2). « Neminem volumus in custodiam « conjici absque jussu gloriosissimorum, vel illustrium, « vel clarissimorum magistratuum hujus felicissimæ ur- « bis, vel provinciarum, aut defensorum civitatum. » S'il ne se reconnaissait pas l'auteur du crime à lui imputé, il ne devait pas être mis dans les fers avant qu'on eût ac-

(1) Loi 5, Venuleius. Dig. de cast. et exhib. reorum, XLVIII, 3.
(2) Code, lib. I, tit. 4, const. 22, pr. Justinien.

quis la certitude de sa culpabilité (1). « Nullus in carcerem
« priusquam convincatur, omnino vinciatur. » En cas
de doute, afin de ne pas le laisser s'échapper, on lui infli-
geait les arrêts (custodia libera). Tite-Live nous en
donne différents exemples. Salluste rapporte qu'après
la découverte de la conjuration de Catilina le Sénat décida que les conjurés seraient mis aux arrêts et confiés
à la garde de personnages importants de Rome. Voici
en quoi consistait cette mesure : l'accusé était remis entre
les mains d'un sénateur ou d'un magistrat d'un ordre
élevé, lequel était chargé de conserver l'accusé dans sa
maison et de veiller sur lui jusqu'au jour du jugement.

Ce qu'il importe surtout de remarquer, c'est que
l'isolement et la mise au secret ne furent point connus
des Romains. Aucune entrave ne fut jamais apportée
au droit qu'avait l'accusé de communiquer avec sa
famille, ses amis ou ses défenseurs.

Ces quatre moyens, usités pour la garde des prisonniers, n'étaient employés que contre les hommes libres.
Si un esclave était poursuivi pour un crime capital, la
loi Publicorum défendait à toute personne de répondre
pour lui, et il était jeté en prison jusqu'au jour du jugement.

Le maître de l'esclave pouvait-il le soustraire à l'emprisonnement en se portant caution ? C'est là une question controversée. Un édit de Domitien vient encore
augmenter le doute, il déclare que les abolitiones
(grâces) qui ont lieu en vertu du sénatus-consulte Tur-

(1) Loi 2, Code, de exhib. reis., IX, 3. Gratian., Valentin. et
Theodos.

pillien ne s'appliquent pas à ces esclaves (ad hujusmodi servos). La loi elle-même empêche qu'un esclave soit relâché avant qu'un jugement soit intervenu. Cette interprétation stricte est trop rigoureuse. Admettre une pareille solution, c'est enlever le droit de défense à l'esclave dont le maître est absent ou ne peut se porter répondant faute de ressources suffisantes.

Le novelle CXXXIV, chapitre 9, défendait d'incarcérer les femmes. Si elles étaient accusées de crimes très graves, on les envoyait dans un monastère ou on les confiait à la garde de personnes de leur sexe.

Telle est la solution donnée par les Romains au difficile problème de la détention préventive. Ne sont-ils pas allés trop loin et ne peut-on pas leur reprocher d'avoir exagéré les garanties dues aux inculpés et sacrifié ainsi les droits de l'état social à ceux de l'humanité. Ce sont là sans doute des questions qui présentent un grand intérêt, mais qui seront mieux à leur place dans une étude sur la détention préventive.

DE L'EMPRISONNEMENT.

Le droit criminel des Romains ne classait pas l'emprisonnement au nombre des peines, du moins relativement aux personnes de condition libre ; il faut ajouter cependant que, même à leur égard, il n'était pas sans application répressive.

En principe les personnes de condition servile et les criminels de profession pouvaient seuls être condamnés à l'emprisonnement perpétuel ou temporaire. Si cette peine n'avait été prononcée contre l'esclave que d'une façon temporaire, il devait être rendu à son maître à l'expiration de sa peine (1). Pour les hommes libres la prison n'était considérée que comme maison d'arrêt : « Custodiæ « carceris, dit le Digeste, ad continendos homines, « non ad puniendos haberi debet »; « Carceres ad « custodiam, non ad pœnam sunt inventi. » Et nous avons vu, en étudiant la détention préventive, qu'on ne devait y renfermer les accusés qu'après l'aveu de leur crime, — « Si confessus fuerit reus donec de « eo pronuntietur, in vincula publica conjiciendus est », ceux qui n'étaient pas en mesure de fournir les cautions, appelées vades publici, et dont parle Plaute :

Utinam vades desint, in carcere ut sis !

En fait on condamnait aussi à la prison des hommes libres. A l'origine cet emprisonnement pouvait durer pendant toute la vie du condamné (2); plus tard on défendit aux gouverneurs de province de prononcer une détention perpétuelle contre les hommes libres (3). On trouve en effet dans le Code de Justinien un rescrit où il est dit : « Incredibile est, quod allegas, liberum ho-

(1) Loi 8, § 13, Ulp. Dig., de pœnis, XLVIII, 19. — Code, de pœnis, IX, 47, const. 6 et const. 10.
(2) Valère Max, VI, 3, 3, IX, 15, 5. — Cicér., in Catilina, IV, 4, 5
(3) Loi 8, § 9, Ulp., Loi 33, Callist., Dig., XLVII., 19.

« minem ut in vinculis perpetuis contineretur esse dam-
« natum (1). » Aulu-Gelle nous apprend qu'un nommé
Noevius avait composé deux pièces de poésie dans la
prison où l'avaient jeté les triumvirs pour cause de diffa-
mation par écrit (2); « de Noevio accipimus fabulas
« cum in carcere duas scripsisse, Hariolum et Leon-
« tem, quum ob maledicentiam et probra in principes
« civitatis de græcorum poetarum more dicta, in vin-
« cula Romæ a triumviris conjectus esset, unde post a
« tribunis plebei exemptus est, quum in iis quæ supra
« dixi fabulis, delicta sua et petulantias dictorum qui-
« bus multos ante læserat, diluisset ». — Les poètes
parlent de l'emprisonnement comme d'une mesure de
répression qui s'applique sans distinction de la condition
des coupables, non pas seulement à titre préventif,
mais à titre de peine, souvent fort rigoureuse. Salluste
nous a laissé la description de la partie souterraine de
la prison de Rome, appelée Tullianum et quelquefois
Robur (3) : « Est locus in carcere quod Tullianum
« appellatur, ubi paululum descenderis ad lævam, cir-
« citer duodecim pedes, humi depressus. Eum muniunt
« undique parietes, atque insuper camera lapideis for-
« nicibus vincta, incultu, tenebris, odore fœda, atque
« terribilis ejus facies est (4). » D'après Sénèque le
Trajan, ce lieu d'expiation était plus pénible à supporter
que la mort même.

(1) Code, de pœnis, const. 6, IX, 47.
(2) Aulu-Gelle, Nuits attiques, III, 3.
(3) Lucrèce, liv. III, vers 1030.
(4) Salluste, dans Catilina.

Ipsaque morte pejor est mortis locus (1).

La peine de l'emprisonnement s'exécutait soit en détenant purement et simplement le condamné, soit en le chargeant d'entraves (2).

Ainsi l'emprisonnement, quel qu'en fût le caractère légal, constituait de fait, sinon de droit, une véritable peine, et une peine très rigoureuse.

Il faut constater cependant à l'honneur des Romains que plusieurs constitutions impériales recommandent de ne pas traiter les prisonniers trop durement. Honorius et Théodose dans leurs constitutions ont même ordonné aux juges de visiter les prisons à certaines époques, d'interroger les prisonniers et de s'informer si le règlement est scrupuleusement observé, s'il n'y a pas d'abus (3). Les évêques furent aussi chargés d'avertir les juges des abus qui pourraient se produire.

CONDAMNATION AUX MINES.

La condamnation aux mines (in metallum) n'était guère prononcée, au temps du jurisconsulte Paul, que

(1) Sénèque le Tajan. Herc. furens.
(2) Loi 9, Callist., Dig., Ex. quib. consis., IV, 6. — Loi 1, § 4, Ulp. Dig. de aleatoribus, XI, 5. — § 216, Ulp., § 225, Vénul., Dig., de verb. signif., L, 16.
(3) Loi 9, Code I, 4, de Episc. audientis.

contre les esclaves et les gens de basse condition (1).
Elle était employée contre ceux qui se rendaient coupables des crimes de fausse monnaie, de violence privée, de plagium, d'incendie, de vaticinatio; contre les atroces pecorum abactores et contre ceux qui commettaient un vol léger dans un temple (2).

On condamnait aussi les individus à l'exploitation des carrières, des soufrières ou des salines (in calcariam, aut sulphurariam, aut salinas). Nous n'avons pas à étudier ces peines qui ne constituaient pas une espèce spéciale de peine; elles étaient comprises sous la dénomination large de mines (3).

Cette peine était rangée parmi les peines capitales. Elle était d'ordinaire perpétuelle, mais il pouvait arriver que le juge, par oubli ou par négligence, ait omis de fixer une durée à la peine, dans ce cas elle était limitée à dix ans (4).

La condamnation aux mines se produisait sous une forme double : on distinguait les condamnés in opus metalli des condamnés in metallum. Les uns exploitaient la mine, les autres étaient assujettis à des travaux qui y avaient rapport; nous les désignerions aujourd'hui sous le nom de mineurs et aides-mineurs. Il faut reconnaître que leur condition ne différait guère, sauf

(1) Loi 8, § 12. Ulp., et loi 28, § 5, Callist., Dig., de pœnis, XLVIII, 19. — Loi 3, Marcianus., Dig., de veteranis., XLIX, 18.
(2) Sent. Paul., liv., V, tit. xx, § 1, tit. xxvi, § 3, tit. xx, §§ 2 et 5, tit. xxi, § 4, tit. xxiii, § 2, tit. xix, Call. Leg. mosaic., xiii, xiv, 2.
(3) Loi 8, § 10, Ulp. Dig., de pœnis, XLVIII, 19.
(4) Loi 28, § 6, Callist., Dig., de pœnis, XLVIII, 19.

à deux points de vue : les chaînes des condamnés in metallum étaient plus lourdes que celles des condamnés in
opus metalli; en outre, en cas d'évasion, ces derniers
passaient dans la classe des condamnés in metallum,
les autres subissaient la peine de mort (1). « Diffe-
« rentia in vinculis tantum est, quod, qui in metallum
« damnantur, gravioribus vinculis premuntur; qui in
« opus metalli, levioribus : quodque refugæ ex opere
« metalli in metallum dantur : ex metallo gravius
« coercentur. »

Les condamnés aux mines étaient marqués à la face
avec un fer brûlant, mais Constantin modéra cette
peine (2).

Cette peine était très sévère. Ulpien, dans la loi 28,
in principio, au Digeste, livre 48, titre 19 de poenis,
nous dit qu'elle était presque aussi rigoureuse que la
peine de mort. « Proxima morti pœna metalli coerci-
« tio. » Aussi n'avait-on aucun doute sur le sort des
malheureux qui la subissaient : ils étaient voués d'avance
à une mort lente, mais sûre. C'était là une opinion répandue à Rome. Les auteurs latins nous ont fait la description des souffrances qu'on y endurait : il suffit de
connaître les vers de Lucrèce pour se faire une idée de
la rigueur de cette peine, tout en tenant compte de l'exagération naturelle au poète; l'amour de l'horrible lui a
fait probablement sacrifier la réalité. Parlant des individus condamnés à l'extraction du minerai d'or et d'argent, il s'exprime en ces termes :

(1) Loi 8, § 6, Ulp., Dig., de pœnis, XLVIII, 19.
(2) Loi 7, Code, de pœnis, IX, 17,

Denique uti argenti venas aurique sequatur,
Terrai penitus scrutantes abdita ferro,
Quales expirat scaptensula subter odores,
Quidve mali fit ut exhalent aurata metalla
Quas hominum reddunt facies, qualesve colores
Nonne vides? Audistine perire in tempore parvo
Quam soleant, et quam vitai copia desit
Quos opere in tali exhibet vis magna?

(Lib. VI.)

Les condamnés aux mines ou aux travaux des mines subissaient généralement leur peine dans la province où ils avaient encouru la condamnation : s'il n'y avait pas de mine, ils étaient envoyés dans une province voisine qui en possédait (1). D'après la Novelle XXII de Justinien, chap. 8, cette peine s'exécutait surtout in Proconneso aut in Gypso.

Le droit de condamner aux mines appartenait spécialement au préfet de la ville, ainsi que l'indique une lettre de l'empereur Sévère à Fabius Cilon (2).

Les femmes pouvaient aussi être condamnées aux mines ou aux salines : elles n'étaient généralement employées que comme aides-mineurs (3).

EFFETS DE LA CONDAMNATION AUX MINES. — Sous l'Empire trois peines entraînaient la maxima capitis deminutio : la mort, les mines et les travaux des mines. Cet effet était encouru non pas au moment de l'exécution, mais dès le prononcé de la sentence. Avant même

---

(1) Loi 8, § 4, Ulp., Dig., de pœnis, XLVIII, 19.
(2) Loi 8, § 5, Ulp., Dig., de pœnis, XLVIII, 19.
(3) Loi 8, § 8 Ulp., Dig., de pœnis, XLVIII, 19. — Code const., 6, IX, 47.

d'être arrivés dans le lieu où ils devaient subir leur peine, les condamnés tombaient dans une condition servile (1) : ils devaient être traités comme tels, c'est-à-dire comme des *metallici*, et non plus comme des hommes libres. Ils pouvaient même, si cela était nécessaire, subir les châtiments honteux réservés à la servitude (*etiam verberibus civilibus exercentur*) (2).

Toutefois la condamnation aux mines n'avait pour effet d'enlever la liberté à l'individu que si la peine prononcée contre lui était perpétuelle. Un rescrit d'Adrien vint même défendre de prononcer une condamnation aux mines pour un certain temps. Si malgré cette défense une condamnation temporaire avait été prononcée, le coupable, bien qu'obligé de subir la peine, n'était pas considéré comme *damnatus in metallum* et conservait sa liberté (3).

Les femmes, avons-nous vu, pouvaient être condamnées aux mines à temps ou à perpétuité, leur travail consistait à servir les mineurs. En cas de condamnation à perpétuité, elles devenaient esclaves de la peine; dans le cas contraire, elles conservaient le droit de cité et leurs enfants naissaient libres (4). « Et si « quidem in perpetuum fuerint damnatæ, quasi servæ « pœnæ constituuntur : si vero ad tempus damnantur, « retinent civitatem. »

---

(1) Loi 17, pr. Marcianus; loi 36, Hermog, Dig., de pœnis, XLVIII, 19. — Instit., liv I, tit. XII, § 3, Q. mod. jus potest solv.

(2) Loi 10 § 1, Macer., Dig., de pœnis, XLVIII, 19. — Loi 12, pr. Callist., Dig., de jure fisci, XLIX, 14.

(3) Loi 28, § 6, Callist., Dig., de pœnis, XLVIII, 19.

(4) Loi 8, § 8, Ulp., Dig., de pœnis, XLVIII, 19.

Voyons maintenant en quoi consistait cette servitude de la peine, et quels étaient ses effets juridiques? Et d'abord comment se faisait-il que les esclaves condamnés aux mines ou aux travaux des mines devinssent esclaves de la peine, aussi bien que les hommes libres. Esclaves, ils l'étaient déjà, qu'y avait-il donc de modifié dans leur condition? Leur situation était inférieure à celle des esclaves ordinaires : ils cessaient d'appartenir à leur maître et ne pouvaient plus être affranchis; ils n'avaient d'autre maître que leur supplice, et les Romains, dans leur langage énergique mais expressif, les avaient appelés servi pœnæ (1).

La condition de l'esclave à Rome peut se résumer en deux propositions : 1° L'esclave n'a aucune capacité juridique; 2° il peut cependant acquérir pour son maître. Quelles sont les conséquences de cette dernière proposition? Sans doute on ne conçoit aucun droit sur la tête de l'esclave puisqu'il n'a pas de personnalité, mais il faut combiner cette incapacité de droit avec la faculté qu'il a d'acquérir pour son maître : il est pour celui-ci un instrument d'acquisition (2). L'esclave peut faire un contrat pour le compte de son maître, recevoir une mancipation, faire addition d'hérédité ou accepter un legs. Les besoins pratiques avaient même conduit les Romains à créer l'actio quod jussu et la notion du pécule. Effacez cette deuxième proposition et toutes ses conséquences, et vous aurez la condition du servus pœnæ. Marcien nous

(1) Loi 12, Macer.; loi 17, Marcian.; loi 36, Hermog., Dig., de pœnis, XLVIII, 19.

(2) Inst. Just., liv. II, tit. ix et liv. III, tit. xxviii.

dit que si un legs leur est fait par testament, il est considéré comme non écrit (pro non scripto) (1). Bien plus, le fisc lui-même ne remplaçait pas le maître. Antonin-le-Pieux, dans un rescrit cité par le jurisconsulte Callistrate, décide que le fisc ne pourra rien acquérir par l'intermédiaire de ces esclaves : c'est qu'ils sont plutôt esclaves de la peine que du fisc (2).

Toutes les autres conséquences de l'esclavage atteignaient le servus pœnæ. L'esclave n'a point de personnalité (servus nullum caput habet), il ne peut en rien invoquer le bénéfice des lois. Il ne peut se créer une famille : s'il a une femme, ses rapports avec elle seront considérés comme l'union du mâle et de la femelle (contubernium), il ne saurait y avoir aucune fidélité, aucune peine pour l'adultère. Ses enfants peuvent être comparés au groupement des petits, comme chez les animaux ; il ne saurait exister de puissance paternelle proprement dite. Pour le servus pœnæ il n'y a plus ni justes noces, ni puissance paternelle, ni tutelle, ni curatelle, etc. (3). Son testament devenait irritum, à moins qu'il ne s'agisse d'un militaire frappé pour un délit spécial. Un rescrit de l'empereur Adrien a déclaré que ce militaire pourrait tester valablement sur son péculo castrense. Ulpien décide avec raison, je crois, que ce testament fait postérieurement à la condamnation

(1) Loi 17, pr. Marcian, Dig., de pœnis, XLVIII, 19.
(2) Loi 12, Callist., Dig., de jure fisci. XLIX, 14.   Loi 25 § 2 et 3, Ulp., Dig., de acq. vel. omit., hered., XXIX, 2.
3) Instit. Just., lib. 1, tit. xii, § 3, Q. m. jus pot. solvit. Tit. xvi § 1, De cap. demin.

vaudra comme testament militaire, non comme testament civil; en effet, accorder à un militaire le droit de tester, cela ne veut-il pas dire qu'on lui accorde le droit de faire un testament militaire (1). Quid du testament fait antérieurement à la condamnation? Ne doit-il pas valoir « quasi ex novâ voluntate militis? Ulpien déclare qu'il ne saurait y avoir de doute sérieux et admet qu'il doit valoir tout au moins comme testament militaire, si telle a été la volonté du testateur (2).

Enfin nous verrons plus loin que les biens des condamnés in metallum ou in opus metalli leur étaient en général enlevés pour être vendus publiquement en détail.

Justinien a réformé cette partie de la législation pénale et a décidé par la novelle XXII, chap. 8, que les individus condamnés aux mines ou aux travaux des mines à perpétuité conserveraient la liberté : la maxima capitis deminutio fut remplacée par la media (3).

DE LA DÉPORTATION.

Certaines peines capitales n'enlevaient au condamné que les droits de citoyen, et lui laissaient la qualité d'homme libre. La plus ancienne de ces peines était

(1) Loi 11, p. Ulp., Dig., de testam milit., XXIX, 1.
(2) Loi 6, § 6, Ulp., Dig., de inj. rumpto. irrito., XXVIII, 3. Ulpien s'exprime ainsi : dubitari non oportet quin, si voluit id valere, ferisse id credatur.
(3) Nov. XXII, cap. 8, Justin., de servitute pœnæ.

l'interdiction de l'eau et du feu (aquæ et ignis interdictio): elle était aussi vieille que Rome elle-même, et
aurait été établie d'après Cicéron par les premiers Romains (1). Elle était une conséquence de ce principe
qui voulait qu'on ne pût être privé de ses droits de citoyen ou d'homme libre que de son plein gré. Voici
quel était le moyen employé pour atteindre le citoyen
dans sa personnalité, dans son caput. Le peuple, représenté par les comices, interdisait au coupable l'eau
et le feu, c'est-à-dire les choses nécessaires à la vie.
C'était là un des mille subterfuges inventés par le
génie romain pour sauver les apparences tout en vio-
lant les principes (2). Les conséquences de cette peine
étaient très rigoureuses; la sentence prononcée, il
était défendu à tout citoyen de recevoir le condamné
sous son toit et de lui fournir des aliments. Le citoyen
ainsi frappé n'avait d'autre ressource que de s'ex-
patrier; il lui fallait chercher loin de la patrie une
cité qui voulût bien le recevoir. Sous l'Empire le
titre de citoyen avait perdu beaucoup de sa valeur;
aussi n'était-ce qu'à partir du moment où il avait acquis les droits de citoyen dans sa nouvelle patrie qu'il
perdait le titre de citoyen romain en vertu de ce principe qu'on ne pouvait appartenir à deux cités à la fois.
C'était là, à vrai dire, un exil volontaire. Le plus souvent le citoyen qui n'avait aucun doute sur le sort qui
lui était réservé n'attendait pas que la sentence fût
rendue.

(1) Cicéron, Pro domo, 29 et 30.
(2) Pline, Ep. IV, 11. — Cicéron, Pro domo, 29 et 30.

La prison préventive et la procédure par contumace n'existant pas à l'époque primitive, rien n'était plus facile que d'échapper aux poursuites, il suffisait de s'exiler volontairement. L'exil était ainsi moins une peine qu'un moyen d'échapper à une condamnation. Plus tard sous César et Auguste nous voyons l'interdiction de l'eau et du feu changer de caractère ; elle est infligée à titre de peine par diverses lois, notamment pour les crimes de violence publique et privée ou de lèse-majesté.

La peine de l'interdiction de l'eau et du feu fut de moins en moins appliquée, surtout lorsqu'il s'établit près d'elle une peine à peu près semblable mais plus rigoureuse, la déportation. Avec la République devaient disparaître les garanties qui entouraient la personne et la fortune des citoyens : aussi voyons-nous Auguste, foulant aux pieds la tradition, introduire sur les conseils de Livie une nouvelle peine, la déportation, destinée à remplacer l'interdiction de l'eau et du feu. Le caractère distinctif de cette peine consistait dans la fixation d'une résidence obligée pour le condamné. Pourquoi cette nouvelle peine ? L'interdiction de l'eau et du feu ne suffisait-elle pas à écarter de Rome tout citoyen en état de nuire ? Auguste craignait pour son autorité, il redoutait avec raison peut-être les ressentiments des nombreux exilés dispersés dans la province et jugeait plus prudent de leur assigner une résidence dans un lieu déterminé. Dès cette époque les empereurs joignirent fréquemment à l'exil l'assignation de domicile dans une île désignée. La déportation fut de plus en

plus appliquée, mais l'interdiction de l'eau et du feu n'en subsista pas moins. Les écrivains et les jurisconsultes nous parlent de ces peines comme existant côte à côte. Justinien en fait mention dans ses Institutes (1).
« Minor sive media capitis deminutio est, cum civitas
« quidem amittitur, libertas vero retinetur : quod
« accidit ei cui aqua et igni interdictum fuerit,
« vel ei qui in insulam deportatus est. » Cependant l'interdiction de l'eau et du fer devint d'une application de plus en rare, et bientôt l'on put dire qu'elle était remplacée par la déportation : il ne resta plus que le nom de ce fameux mode de bannissement (2).

La déportation avait été formellement prononcée par la loi Julia de Adulteriis contre les individus coupables d'inceste et par d'autres lois contre les auteurs des crimes de lèse-majesté, d'homicide, de faux, dans le cas où leur condition les mettait au rang des honestiores, de violence publique et enfin d'ambitus dans les municipes.

La déportation consistait à être enfermé perpétuellement dans une île, d'où le condamné ne pouvait sortir que sous peine de mort (3) : « alioquin in insulam de-
« portato pœna capitis adrogatur. » Les lieux où se subissait le plus généralement cette peine étaient les îles de Gypse, de Pathmos, de Cos, de Lesbos et la Sardaigne.

(1) Instit. Justin., lib. 1, tit. XVI, § 2, de capit. min.
(2) Loi 2, § 1, Ulp., Dig., de pœnis, XLVIII, 19. — Loi III, Ulp., Dig., Ad. leg. Juliam, XLVIII, 23.
(3) Loi 4, Marcian., Dig., de pœnis, XLVIII, 19.

Cette peine était perpétuelle (1) et ne s'appliquait pas
aux esclaves : elle n'enlevait pas au condamné la liberté
mais le droit de cité (2).

Ces deux peines différaient entre elles en ce sens que
le déporté était renfermé dans un lieu déterminé, tandis
que l'individu privé de l'eau et du feu devait se tenir
éloigné de tout lieu. Elles avaient un effet commun, la
media capitis deminutio.

DES EFFETS DE CETTE PEINE AU POINT DE VUE DE LA
CAPACITÉ. — L'individu déporté dans une île ou privé
de l'eau et du feu était, nous venons de le voir, capite
minutus. Marcien nous dit que ces condamnés sont
ἄπολιδες, c'est-à-dire sans cité : il en était de même des
personnes condamnées aux travaux publics à perpétuité.
Ils perdaient toutes les aptitudes dérivant de la qualité
de citoyen; ils n'étaient plus soumis au droit civil mais
au droit des gens, comme de simples pérégrins (3) : « ut
« ea quidem quæ juris civilis sunt, non habeant : quæ
« vero juris gentium sunt habeant. » Ainsi ils demeuraient capables d'acheter et de vendre, de prendre ou
de donner à bail, d'échanger, de prêter, d'engager les
biens acquis depuis leur condamnation, et de faire tous
actes semblables, pourvu que ce ne soit pas en fraude
des droits du fisc qui était appelé à leur succéder. Ils
pouvaient même faire une donation entre-vifs, cet acte

(1) Loi 18, § 1, Pomponius, Dig., de interd. et releg., XLVIII, 22.
(2) Loi 15, pr. Marcian, et loi 6, pr. Ulp. Dig., de interd. et releg.,
XLVIII, 22.
(3) Loi 17, § 1, Marcianus, Dig., de pœnis, XLVIII, 19.

ayant toujours été considéré par les Romains comme un acte du droit des gens, par opposition au testament qui était de pur droit civil. Le droit des gens leur permettant d'acquérir la propriété ou des créances, et de contracter des obligations, il fallait leur donner les moyens de faire valoir leurs droits. Ils ne pouvaient sans doute ni agir ni être poursuivis au moyen d'actions directes (directis actionibus), mais il leur était permis d'intenter des actions utiles, et eux-mêmes pouvaient être poursuivis de cette manière (1). Celui qui perd le droit de cité et conserve ses biens, nous dit Ulpien, est tenu du moins par des actions utiles. « Qui civitatem « amisit, et bona detinet, utilibus actrinibus tenetur. » Il ne s'agit évidemment que des contrats passés postérieurement à la sentence : les biens antérieurs au jugement de condamnation étaient publiés, mis en vente au profit du fisc, le déporté était dépouillé de toutes ses créances et en même temps libéré de toutes ses dettes.

Les droits politiques, au contraire, étaient perdus pour le déporté, ainsi que le jus commercii, le jus connubii. On le regardait comme indigne de former une accusation criminelle (2), de postuler pour autrui (3), d'être témoin en justice (4), enfin d'affranchir ses esclaves (5).

Les liens de famille se trouvaient rompus; le mariage romain lui-même cessait d'exister, mais il y avait ma-

(1) Loi 11, § 3, Ulp., Dig., de interd. et releg., XLVIII, 22.
(2) Loi 5, § 1, Ulp., Dig., de publ. judic., XLVIII, 1.
(3) Loi 1, § 6, Ulp. Dig., de postul., III, 1.
(4) Loi 3, § 5, Callist. Dig., de testibus., XXII, 5.
(5) Loi 2, pr. Marc. Dig., de interd. et releg., XLVIII, 22.

riage du droit des gens entre le condamné et son conjoint qui continuait de vivre avec lui affectione maritali (1); plus tard Constantin et Justinien déclarent formellement que le mariage subsiste (2). Il perdait la puissance paternelle et la tutelle qui ne pouvaient appartenir qu'à des citoyens.

Tous ses biens étaient par l'effet de la sentence confisqués au profit du fisc, sauf le droit d'usufruit qui s'éteignait (3); son testament antérieur devenait irritum; la société, dont il faisait partie, se dissolvait également, car le condamné était censé commencer une existence nouvelle (4) : « Societas solvitur ex personis, ex rebus, « ex voluntate, ex actione. Intereunt autem homines « quidem maxima aut media capitis deminutione, aut « morte. » Il devenait enfin incapable de faire les actes de droit civil, comme par exemple : la stipulation spondes spondeo, le testament ou tout autre acte fondé sur la mancipatio per æs et libram, d'y figurer comme témoin (5), et même de laisser un fidéicommis. D'après une constitution d'Adrien, la disposition par laquelle un testateur aurait appelé un déporté à recueillir son hérédité ou lui aurait fait un legs était réputée non écrite (6) : bien plus le déporté ne pouvait même re-

---

(1) Loi 3, § 1, Ulp., Dig., de bonis damn., XLVIII, 20. — Inst. Just. Q. m. jus potest. solvitur., lib. I, tit. xii, § 1.
(2) Code Nov., XXII, const., 13.
(3) Loi 1, pr. Calist., Dig., de bon. damn., XLVIII, 20.
(4) Loi 63, § 10, Ulp., Dig., pro socio, XVII, 2.
(5) Comm. Caiius, II, § 65.
(6) Loi 1, Code, de hered. instit. VI, 24.

cevoir un fidéicommis. La règle était que le déporté ne pouvait recueillir ni hérédité, ni legs, ni fidéicommis. C'est uniquement par un motif d'humanité qu'on a permis aux proches parents du déporté de lui laisser ou de recueillir quelque chose à titre d'aliments. L'empereur Antonin, dans un rescrit adressé à Ulpien Damascenus, lui accorde l'autorisation de laisser des aliments à sa mère ou d'en recevoir, mais déclare formellement réserver les principes. On ne peut laisser aux déportés, dit-il, ni legs ni fidéicommis, l'usage et le droit public s'y opposent, et cette règle ne peut être modifiée (1).

Le déporté, avons-nous vu, n'avait plus de famille; il ne pouvait plus transmettre ab intestat les biens acquis par lui depuis sa condamnation, ni succéder à ses parents, même à titre de possession de biens (2), c'était le fisc qui lui succédait. Il ne fallait pourtant pas exagérer vis-à-vis des enfants cet effet déjà si rigoureux de la faute du père, aussi avait-on admis que celui qui perdait la cité ne faisait perdre aucun droit à ses enfants, excepté ce qu'ils auraient recueilli s'il était mort intestat dans la cité, c'est-à-dire son hérédité, ses affranchis et autres objets semblables; ils conservaient tout ce qui leur venait, non de leur père, mais plutôt de la famille, de la cité, de la nature des choses.

Ainsi des frères pouvaient très bien être héritiers légitimes de leurs frères, avoir la tutelle des agnats, et recueillir une hérédité. Ils ne tiennent pas ces droits de

(1) Loi 16, Marc., Dig., de interd. et releg., XLVIII, 22.
(2) Loi 1, § 9, Ulp., Dig., de legatis præst., XXXVII, 4.

leur père, dit Alphenus, mais de leurs ancêtres : « non enim hæc patrum sed majores eis dedisse (1). »

Le jurisconsulte Alphenus dans la loi 3 au Digeste de interd. et releg. (XLVIII, 22), dit que les droits de patronage ne passaient pas aux enfants; nous voyons cependant plusieurs textes de Paul, de Marcien et d'Hermogénien accorder aux enfants du déporté la possession des biens des affranchis (2). Comment expliquer cette antinomie? Pothier a cherché à concilier ces textes. Alphenus dans la loi 3 n'a entendu parler que des affranchis du déporté lui-même, les textes de Paul de Marcien et d'Hermogénien semblent plutôt prévoir l'hypothèse d'esclaves affranchis que le père ou l'aïeul du déporté. Cette explication pourrait être admise si les trois textes n'étaient pas conçus d'une façon aussi générale; ils disent qu'en cas de mort du patron les jura libertorum passent aux enfants, dans ces conditions il paraît bien difficile de les restreindre (3). Cette manière d'expliquer les textes en les torturant ne devait pas satisfaire longtemps un esprit aussi juridique, aussi voyons-nous Pothier abandonner ce premier système et trouver dans ces textes contradictoires la preuve certaine d'une ancienne controverse. Leur existence simultanée dans le Digeste serait due à une négligence de Tribonien (4).

(1) Loi 3, Alph. Dig., de interd. et releg., XLVIII, 22.
(2) Loi 4, § 2, Paul, Dig., de bon. libert., XXXVIII, 2. — Loi 1, Marc. Dig., de jure patron., XXXVII, 14. — Loi 9, Hermog., Dig., ad leg. Jul. majest., XLVIII, 4.
(3) Pand. Just., lib. XXXVII, tit. xiv, n° 36.
(4) Pand. Just., lib. XLVIII, tit. xix, n° 16 et 5.

Certains auteurs ont prétendu que les deux doctrines professées, l'une par Alphenus, l'autre par Paul, Marcien et Hermogénien avaient existé successivement. Alphenus aurait exprimé la doctrine en vigueur à l'époque d'Auguste, doctrine rigoureuse, car la déportation venait d'être établie par ce prince; les autres jurisconsultes nous feraient connaître les règles nouvelles et plus humaines introduites par l'empereur Sévère (1).

C'est à partir du jugement d'interdiction, de déportation ou de damnatio in opus publicum, que les biens étaient enlevés au condamné et passaient au fisc (2). Dès ce moment le condamné perdait la qualité de citoyen et était livré à sa peine, sauf, bien entendu, l'effet suspensif de l'appel (3).

Il y avait cependant une règle spéciale dans le crime de lèse-majesté : du jour même du délit, l'accusé était censé livré à sa peine. Il faut voir là plutôt un acte de vengeance de la part du pouvoir qu'un acte de justice. Ce crime paraissait tellement énorme qu'on ne voulait pas attendre le moment de la sentence. D'après des constitutions des empereurs Sévère et Antonin, celui qui avait commis le crime de lèse-majesté ne pouvait ni aliéner, ni faire des affranchissements, ni recevoir valablement le paiement de ses créances. Sa mort n'arrêtait pas les poursuites criminelles, sa mémoire

(1) Lei 4, § 2, Paul, Dig., de bonis libert., XXXVIII, 2.
(2) Loi 27, Hermog., Dig., de reg. juris., L, 17.
(3) Loi 19, § 1, Callist., Dig., de interd. et releg., XLVIII, 22.

pouvait être condamnée et ses biens enlevés à ses héritiers (1).

En énumérant les effets des condamnations capitales,
nous avons toujours supposé une sentence rendue par
un juge compétent ; or il est certain qu'un gouverneur
de province ne pouvait déporter (2). La peine de déportation ne pouvait être prononcée que par les préfets du
prétoire, par leurs remplaçants provisoires et le préfet
de la ville : la condamnation prononcée par un gouverneur de province n'entraînait la perte de la cité qu'a-
près avis conforme de l'empereur, et jusqu'à cette rati-
fication le condamné restait capable de recueillir une
hérédité ou un legs (3).

DES TRAVAUX PUBLICS A PERPÉTUITÉ.

(DAMNATIO IN OPUS PUBLICUM.)

La peine des travaux publics à perpétuité (in opus
publicum) entraînait aussi la perte de la cité (4).

Cette peine, sur laquelle les documents nous manquent, n'était prononcée que contre les hommes libres ;
même dans cette catégorie, les personnes d'une condition élevée ne pouvaient en être frappées. Ainsi les dé-

(1) Loi 8, pr. Marc, Code, ad leg. Jul. majest., IX, 8. — Loi 7,
pr. Paul, Code, ad leg. Jul. majestatis, IX, 8.
(2) Loi 2, § 1, Ulp., Dig., de pœnis, XLVIII, 19.
(3) Loi 15, § 1, Marc, Dig., de interd. et releg., XLVIII, 22.
(4) Loi 17, § 1, Marc, Dig., de pœnis, XLVIII, 19.

curions, les vétérans et leurs descendants ne pouvaient pas plus subir la peine des travaux publics qu'ils ne pouvaient être condamnés aux mines (1). Elle ne s'appliquait pas davantage aux esclaves (2). A quoi en effet eût-il servi de condamner l'esclave aux travaux publics; sa position n'eût en aucune façon été aggravée, puisqu'en tant qu'esclave il ne jouissait déjà pas du droit de cité avant la condamnation. Le travail forcé auquel il aurait été astreint n'eût pas été davantage une punition pour lui, puisque la destinée de l'esclave est de travailler pour son maître : au contraire dans certains cas sa position fût peut-être devenue meilleure, une pareille condamnation eût été pour lui un moyen de se soustraire aux mauvais châtiments d'un maître.

La condition des condamnés aux travaux publics à perpétuité était de tous points semblable à celle des déportés (3). « Etiam in opus perpetuum damnati, non « dissimilis conditionis sunt, ab his qui deportantur. » Nous n'examinerons pas les effets de cette peine au point de vue de la capacité des condamnés, il suffira de se reporter à ce que nous avons dit à propos de la déportation.

(1) Loi 3, Marc, Dig., de veteranis, XLIX, 18. — Code, const., 3, IX, 47, de pœnis.
(2) Loi 34, pr. Papinianus, Dig., de pœnis, XLVIII, 19,
(3) Loi 1, Code, de pœnis, IX, 47.

DES TRAVAUX PUBLICS A TEMPS.

(DAMNATIO IN OPUS PUBLICUM TEMPORARIUM).

Il y a peu de textes sur la matière, et ceux que nous possédons ne sont pas suffisamment précis.

Il est certain que cette peine n'entraînait pas la perte du droit de cité (1), mais le condamné était atteint dans son honneur, il subissait une flétrissure (infamia) qui se prolongeait même après l'expiration de la peine (2).

Nous avons indiqué les motifs pour lesquels on ne devait pas condamner un esclave aux travaux publics à perpétuité; à plus forte raison ne devait-il pas subir les travaux publics à temps, peine plus douce que la première. Si elle avait été prononcée par erreur, l'esclave devait, à l'expiration de sa peine, être rendu à son maître, puisqu'il n'avait jamais cessé de lui appartenir (3).

Il faut avoir soin de distinguer soigneusement quatre peines qui ont des traits communs : je veux parler de la condamnation aux mines à perpétuité et à temps, de la condamnation aux travaux publics à perpétuité et à temps.

La condamnation aux mines à perpétuité (in opus

(1) Loi 28, § 1, Call., Dig., de pœnis, XLVIII, 19.—Const. 4, Code, de pœnis, IX, 47.

(2) Const. 6, Code, ex quib. causis infamia irrog., II, 12.

(3) Loi 34, pr. Papin., Dig., de pœnis, XLVIII, 19.

metalli perpetuum) fait subir au condamné la maxima capitis minutio, c'est-à-dire lui enlève la liberté et la cité. Les condamnés aux mines à temps (in opus metalli temporarium) et les condamnés aux travaux publics à perpépuité (in opus publicum perpetuum) ne perdent que les droits de citoyen. Enfin la condamnation aux travaux publics à temps (in opus publicum temporarium), n'emporte aucune capitis minutio : le condamné conserve tous ses droits d'homme et de citoyen.

DE LA RELÉGATION.

Les peines non capitales, c'est-à-dire celles qui ne privaient pas la cité d'une tête, étaient : la relégation, la condamnation à temps aux travaux publics, la bastonnade et l'amende. Nous n'avons à nous occuper que des deux premières, qui seules frappaient le condamné dans son droit de locomotion : or, la deuxième ayant déjà été étudiée à propos de la condamnation aux travaux publics à perpépuité, la relégation fera seule l'objet de nos études.

Cette peine n'emportait ni la perte de la liberté, ni la perte de la cité (1) ; c'était une espèce d'exil, qu'il faut avoir soin de distinguer soigneusement de la déportation, avec laquelle il a quelques ressemblances. Ulpien nous donne du relégué la définition suivante : « Relegatus

___

(1) Loi 7, § 3, Ulp., Dig., de interd. et releg., XLVIII, 22.

« est is, cui provincia vel Roma, vel continentibus ejus
« perpetuo, vel ad tempus interdicitur (1). » Celui à qui
le séjour d'une province ou celui de Rome avec sa ban-
lieue ont été interdits, soit à temps, soit à perpétuité.
Cette peine consistait soit dans l'interdiction d'une
résidence déterminée, soit dans l'assignation d'un lieu
désigné pour domicile. Elle pouvait être perpétuelle ou
temporaire.

Nous la trouvons déjà du temps de la République,
mais fort peu usitée; ainsi, dans la loi Julia De al-
duteriis, elle est appliquée aux personnes convaincues
d'adultère. Auguste nous en donne un curieux exemple
lorsqu'il relègue dans une île sa fille Julie (2). Elle
pouvait atteindre ceux qui avaient commis des actes de
violence privée; les coupables du crime de plagium,
consistant à tenir caché ou enfermé un citoyen romain;
les auteurs de libelles; enfin les incendiaires et ceux qui
avaient détruit des arbres fruitiers (3).

Elle pouvait être prononcée par le prince, par le
sénat, par les préfets et les gouverneurs de province,
mais le pouvoir des consuls, des préteurs et des procu-
rateurs de César n'allait pas jusque-là (4).

On distinguait deux espèces de relégation : la relégation dans une île qui fixait au condamné une résidence dont il ne pouvait s'écarter, et la relégation

---

(1) Loi 14, pr. Ulp., Dig., de interd. et releg., XLVIII, 22.
(2) Suéton, Octav. LXV.
(3) Sent. Paul, lib. V, tit. iv, § 15. tit. xx, § 6, tit. xxvi, § 3.
— Collatio, leg. Mosaic., XIV, 2.
(4) Loi 14, § 2, Ulp., Digest., de interd. et releg., XLVIII, 22. —
De officio præf. urbi, Dig., I, 12. — Loi 2, Code, IX, 47.

simple qui lui imposait l'obligation de s'abstenir de certaines provinces (1). Quelques jurisconsultes subdivisaient la relégation simple : on pouvait en effet interdire au relégué l'approche de certains lieux ou de toute autre région à l'exception d'une seule (2). De là une classification tripartite, comme le dit Marcien au Digeste : « Exilium triplex est, aut certorum locorum « interdictio, aut lata fuga, ut omnium locorum [inter-« dicatur] præter certum [locum] aut [in] insulæ vin-« culum, id est, relegatio in insulam (3). »

La relégation dans une île était la plus rigoureuse de toutes. Les gouverneurs de province pouvaient la prononcer quand il se trouvait une île dans leur département; dans le cas contraire, ils devaient demander au prince de vouloir bien fixer le lieu de résidence. En attendant cette décision, le condamné était confié à la garde de soldats (4). Il résulte de ce texte que les gouverneurs de province ne pouvaient reléguer dans une île non située dans leur département. Il paraît superflu d'ajouter que dans l'île le relégué n'était pas en état de détention (5).

Il y avait une autre espèce de relégation, la relégation quasi in insulam. C'était la relégation dans une oasis, peine appliquée dans la province d'Egypte (6). Cette contrée ne formait pas, à propre-

---

(1) Loi 7, Ulp., Dig., de interd. et releg., XLVIII, 22.
(2) Loi 7, § 8 et 19, Ulp., Dig., de interd. et releg., XLVIII, 22.
(3) Loi 5, Marcien, Dig., de interd. et releg., XLVIII, 22.
(4) Loi 7, § 1, Ulp., Dig., de interd. et releg., XLVIII, 22.
(5) Code, de pœnis, const., 26.
(6) Loi 7, § 5, Ulp., Dig., de interd. et releg., XLVIII, 22.

ment parler, une île, mais elle était plus déserte qu'une île et les insectes y abondaient : aussi a-t-on eu raison d'assimiler la relégation dans une oasis à la relégation dans une île.

Au deuxième rang, pour la gravité, apparaît le mode de relégation désigné par Marcien en ces termes: « Interdictio omnium locorum præter certum locum. »

Les jurisconsultes l'ont appelée « lata fuga » parce que toutes les contrées étaient fermées au condamné, excepté une seule : il était en quelque sorte mis en en fuite, poursuivi, traqué de toutes parts. S'il faut en croire Suétone, cet usage se serait établi sous Claude; ce prince prononça la relégation contre une personne et lui défendit de s'éloigner de la ville d'une distance de plus de trois milles (ultra lapidem tertiam) (1). Les gouverneurs de province avaient des pouvoirs très étendus : ils pouvaient condamner une personne à ne pas sortir de chez elle (2), ou bien reléguer dans une certaine partie de la province avec l'obligation d'y rester, c'est-à-dire ordonner au relégué de ne pas sortir de telle ville ou de telle région déterminée. Il était même dans l'habitude de certains gouverneurs de reléguer dans les parties les plus désertes de la province (3) : « In eas partes provinciæ, quæ sunt deser- « tiores, scio præsides solitos relegare. » Mais un gouverneur ne pouvait pas plus reléguer dans une province sur laquelle il n'avait aucun pouvoir que dans une île

(1) Suétone, Claude, n° 23.
(2) Loi 9, Ulp., Dig., de interd. et releg., XLVIII, 22.
(3) Loi 7, § 9, Ulp., Dig., de interd. et releg., XLVIII, 22.

non comprise dans son département : ainsi, par exemple, il n'était pas permis au gouverneur de la province de Syrie de reléguer en Macédoine (1).

La troisième espèce de relégation, la moins grave de toutes, consistait dans l'interdiction de certains lieux imposée au condamné. Ainsi on lui interdisait l'enceinte et le territoire de sa patrie, ou le séjour de quelques cantons (2). Le gouverneur pouvait interdire le séjour de toute la province; sans doute il ne pouvait reléguer dans un lieu non situé dans son ressort (qui non sit suæ provinciæ), mais il avait la faculté de reléguer (extra provinciam suam). (3) Un rescrit des divins Frères avait défendu à tout gouverneur d'interdire le séjour d'un autre département que le sien; cependant on reconnut à certains d'entre eux, notamment à ceux de la Syrie et de la Dace, le droit d'interdire le séjour de plusieurs provinces au condamné. Du principe posé plus haut, il résultait qu'un individu relégué de la province où il avait élu domicile, pouvait séjourner dans la province où il était né. On finit par admettre que le gouverneur de la province du domicile pouvait interdire le séjour dans la province d'origine, mais la réciproque ne serait pas vraie (4).

Le jurisconsulte Ulpien admet que le gouverneur pouvait interdire le séjour de la province même à des personnes qui, y ayant commis un délit, n'y étaient

(1) Loi 7, § 6, Ulp., Dig., de interd. et releg., XLVIII, 22.
(2) Loi 7, § 19, Ulp., Dig., de interd. et releg., XLVIII, 22.
(3) Loi 7, § 7, Ulp., Dig., de interd. et releg., XLVIII, 22.
(4) Loi 7, § 10 et 12, Ulp., Dig., de interd. et releg., XLVIII, 22.

pas domiciliés. Si l'on reconnaît au gouverneur de la province où l'infraction a été commise le pouvoir de prononcer la relégation du lieu de domicile, et par suite du lieu d'origine, on trouve un cas où le condamné devait se tenir éloigné de trois provinces, sans compter l'Italie : celles où le délit avait été commis, où le condamné était domicilié et où il était né. Il pouvait se présenter une hypothèse dans laquelle un plus grand nombre de provinces encore étaient interdites, lorsque le condamné tenait par son origine à plusieurs personnes, soit à raison de sa condition, soit à raison de celle de son père ou de son patron (1).

D'après une constitution de l'empereur Claude, l'interdiction d'une province entraînait de plein droit défense de résider à Rome et en Italie (2). Mais la réciproque de cette proposition n'était pas vraie, et l'interdiction de Rome n'emportait pas pour le condamné défense de résider dans son pays d'origine : ainsi le décident de nombreuses constitutions. « Quid juris » dans le cas où on n'avait pas interdit à une personne son lieu d'origine, mais une cité? Sa patrie et Rome lui étaient-elles interdites? L'affirmative semble bien avoir prévalu : il était en effet dans les idées du despotisme impérial d'éloigner de la capitale tous les individus qui pourraient lui paraître suspects.

Nous pouvons généraliser et dire que toute personne

(1) Loi 7, § 13, Ulp., Dig., de interd. et releg., XLVIII, 22.
(2) Loi 7, § 15, 16, 19, Ulp., Dig., de interd. et releg., XLVIII, 22. — Suétone, in Claude, n° 23.

condamnée à la relégation ne pouvait résider à Rome, encore que le jugement n'en eût rien dit : la raison donnée c'est que Rome était la patrie commune. On était allé plus loin, et de cette maxime que « le prince est le père de la patrie » (est princeps pater patriæ) (1), on en avait conclu que le relégué ne pouvait pas davantage paraître dans la ville où l'empereur résidait ou se trouvait de passage. A ceux-là seuls qui avaient accès dans Rome il était permis de contempler les traits augustes du chef de l'Etat. Etait-ce bien là le véritable motif ? Non, assurément. Le gouvernement impérial se servait habilement de cette fiction, qui faisait de Rome la patrie commune, pour écarter de la capitale les condamnés, et surtout les condamnés politiques dont il redoutait les vengeances : des considérations d'ordre public et surtout les nécessités du gouvernement justifient suffisamment cette mesure de précaution. Et ce qui prouve bien qu'il y avait là un but politique, c'est qu'on craignait autant ceux qui pouvaient recevoir les inspirations ou les ordres du relégué que le relégué lui-même. Aussi ne devons-nous pas être étonnés de voir la relégation produire ses effets vis-à-vis des tiers : les affranchis du condamné, par exemple, ne pouvaient venir à Rome quand le séjour en était interdit à leur patron (2).

Quant à la formule d'interdiction, celle dont on se servait habituellement était la suivante « Illum provincia illa insulisque eis relego. » Le gouverneur

<hr>

(1) Loi 19, pr. Callist., Dig., de interd. et releg., XLVIII, 22.
(2) Loi 13, Paul. Dig., de interd. et releg., XLVIII, 22.

ajoutait ordinairement l'indication d'un délai accordé au relégué (1) pour sortir de Rome ou de sa patrie, s'il s'agissait de la relégation qui interdit seulement le séjour de certains lieux. « Excedereque debebit intra « illum diem. » Pour obtenir une prolongation, il suffisait au relégué d'adresser un mémoire à l'empereur; telle est la décision donnée par un rescrit des Antonins (2). Si une peine temporaire avait été prononcée, une constitution d'Honorius et de Théodose décide que le temps passé en prison jusqu'à la translation dans le lieu de relégation, devait être imputé sur la durée de l'exil (3).

Nous venons d'indiquer les diverses modes de relégation, et d'examiner en détail les caractères distinctifs de chacun d'eux : il nous reste à rechercher quelles conséquences cette peine entraînait relativement à la capacité.

La relégation était rangée parmi les peines non capitales; elle n'entraînait pas la capitis deminutio même moyenne (4). Des vers d'Ovide viennent confirmer ces textes juridiques:

> Quippe relegatus, non exul dicor in illo,
> Parcaque fortunæ sunt tibi verba meæ.
>
> (Trist. II, vers 137).

Puis ailleurs, Elég. II, vers 21 :

(1) Loi 7, § 17, Ulp., Dig., de interd. et releg., XLVIII, 22.
(2) Loi 7, § 18, Ulp., Dig., de interd. et releg., XLVIII, 22.
(3) Const. 23, Code, de pœnis, IX, 47.
(4) Inst. Just., lib. I, tit. xvi, § 2, decapit. deminutime. — Loi 11, § 1, Ulp., Dig., de interd. et releg., XLVIII, 22.

Nec vitam, nec opes, jus nec mihi civis ademit,
Nil nisi patriis jussit abesse focis,
Ipse relegati, non exulis utitur in me
Nomine.

Ainsi, non seulement le condamné conservait sa liberté, mais il continuait à jouir du titre de citoyen romain avec toutes ses prérogatives. Il ne perdait pas davantage ses biens, à moins qu'une disposition spéciale de la sentence n'eût prononcé la confiscation, comme on le voit dans les lois Julia De adulteriis et De vi privatâ (1). Des rescrits impériaux nous apprennent qu'en cas de relégation à temps la confiscation totale ou partielle ne pouvait être prononcée. Au dire d'Ulpien, les sentences qui s'étaient écartées de cette règle avaient été blâmées, sans que toutefois on eût jugé à propos de les réformer et de restituer les biens confisqués (2). Le trésor public prenait, mais ne rendait jamais.

Quant aux droits de patronage « jura libertorum » le condamné les conservait intacts, la relégation fût-elle perpétuelle. Une sentence spéciale, de l'empereur lui-même, avait seule le pouvoir de les lui enlever (3).

Sauf ces exceptions, le relégué à temps ou à perpétuité conservait tous ses droits de propriété; il pouvait disposer de ses biens par testament, la testamenti fac-

(1) Sent., Paul., V, XXVI., § 3. — Loi 1, 4, 14, Dig., de interd. et releg., XLVIII, 22. — Const. 8, Code, IX, 47, de pœnis, Const. 6, Code, IX, 6.
(2) Lois 1 et 17, § 4, Ulp., Dig., de interd. et releg., XLVIII, 22. Loi 39, pr. Dig., de jure fisci, XLIX, 14.
(3) Loi 8, § 3, Marc., Dig., de bonis damnat., XLVIII, 20.

Dassonville.   4

tio lui restait (1). Il en était de même des droits de famille; la puissance maritale et la puissance paternelle demeuraient intactes entre ses mains (2). Pomponius déclare même qu'il n'était pas défendu d'honorer un relégué par des images et des statues : « Relegatus statuis et imaginibus honorari non prohibetur » (3). Dans la loi 18 pr. Dig., De interdictis, le même jurisconsulte pose un principe absolu et semble dire que cette peine de la relégation ne portait aucune atteinte à la capacité du condamné. « Relegatus integrum suum statum retinet. » Selon lui les effets de cette peine se borneraient à restreindre le droit de locomotion.

Il faudrait bien se garder de prendre ces décisions à la lettre. La constitution 2 au Code de Justinien (X, 50) au titre « De his qui in exilium dati » nous dit que le décurion relégué à temps recouvrait à son retour son ancienne dignité; la conclusion à en tirer, c'est que pendant la durée de sa peine il ne pouvait aspirer aux honneurs. Le relégué pouvait même être frappé de certaines incapacités par des lois spéciales, non plus à raison de la peine elle-même, mais à raison de la nature du délit qui motivait la condamnation: ainsi le relégué pour adultère devenait intestabilis (4). Enfin l'infamie elle-même pouvait l'atteindre. En droit romain, les judicia publica avaient pour effet d'emporter infamie contre la partie coupable; je suppose que la relégation ait été pro-

---

(1) Loi 7, § 3, Ulp., Dig., de interd. et releg., XLVIII, 22.
(2) Loi 18, pr. Pompon., Dig., de interd. et releg., XLVIII, 22.
(3) Loi 17, Pompon., Dig., de interd. et releg., XLVIII, 22.
(4) Loi 14, Papin., Dig., de testibus, XVII.II, 5.

noncée dans une instance de cette nature, l'existimatio du condamné était forcément atteinte (1). Si la relégation avait été prononcée hors d'un judicium publicum, l'existimatio du condamné pouvait rester intacte (2).

Certains textes, avons-nous vu, permettent d'accorder au relégué des marques d'honneur: or, le jurisconsulte Callistrate dans la loi 28 § 1 Dig., De pœnis, range la relégation parmi les peines quæ ad existimationem pertinent. Comment concilier ces textes? Probablement la condamnation à la relégation n'abolissait pas par elle-même la considération du condamné, si la cause de la condamnation n'était pas d'ailleurs infamante (3). Nous pouvons ajouter que, sous l'Empire, la relégation était souvent prononcée soit par le sénat soit par le prince comme mesure politique, arbitrairement et en dehors d'une loi formelle. Alors évidemment elle ne devait pas être suivie de la flétrissure attachée aux judicia publica, et, dans des cas déterminés, aux crimes extraordinaires.

Une observation importante doit être faite. Dans les divers textes du Digeste et du Code, chez les littérateurs et les poètes, on trouve souvent le mot exilium pris dans différents sens. Ce terme ne convient rigoureusement qu'à la seule déportation, car on appelle exsules ceux qui ont perdu le droit de cité et sont privés de la pa-

(1) Loi 1, Macer., Dig., de public. judic., XLVIII, 1.
(2) Loi 7, Macer., Dig., de public. judic., XLVIII, 1.
(3) Loi 5, § 2, Callist., Dig., de extraord. cognit., L, 13.

trie, *soli exsortes.* Ovide s'exprime de la même façon :

Quippe relegatus, non exul, dicor in illa.

(Trist., II).

On rencontre aussi le mot *exilium* comme synonyme
de relégation, et même de cette espèce de relégation
qui est la plus douce de toutes. Ainsi dans la loi 38 § 3
Dig., De pœnis, le jurisconsulte Paul oppose l'exil à la
relégation dans une île (1). On est relégué dans une île,
dit le jurisconsulte, ou tout au moins envoyé en exil :
l'exilé ne peut séjourner dans certains lieux, mais jouit
de la faculté de se rendre partout ailleurs où bon lui
semble, le relégué dans une île est obligé de résider
dans un lieu déterminé, comme s'il était emprisonné,
« quasi vinculis constringatur. » A l'inverse, on employait fréquemment la *relegatio* à la place de l'exil
proprement dit (2).

Il est toujours facile de reconnaître dans quel sens le
mot *exilium* a été employé : il suffit de considérer les
effets que le jurisconsulte a entendu attacher à ce terme.
Parle-t-on d'un exil temporaire, il s'agit évidemment
de la relégation, puisque la déportation est une peine
perpétuelle; considère-t-on l'exil comme une peine capitale, emportant privation du droit de cité, c'est la déportation que le jurisconsulte a en vue, puisque la relégation ne fait pas perdre la cité.

(1) Sent., Paul, V, XXVII, § 3. — Lois 4 et 5. Marc., Dig., de interd. et releg., XLVIII, 22.
(2) Loi 12, § 4, Venul., Dig., de accusat., XLVIII, 2.

Rappelons brièvement les principales différences qui existent entre la déportation et la relégation.

1° La déportation enlève au condamné la cité et ses biens. La relégation ne produit aucun de ces effets, à moins qu'une sentence spéciale, relative à la confiscation, ne soit intervenue (nisi specialiter bona publicentur (1).

2° Il y a une deuxième différence qui est en quelque sorte la conséquence de la première. Le déporté est censé mort pour la cité, or comme on ne peut mourir pour un temps déterminé, il en résulte que la déportation ne peut être une peine temporaire. Cette raison cesse lorsqu'il s'agit du relégué. La déportation est une peine perpétuelle; la relégation peut n'être que temporaire (2).

3° La relégation pouvait être prononcée par le prince, le sénat, le préfet et les gouverneurs de province; ces derniers au contraire n'avaient pas le droit de déporter (3).

DES PEINES CONTRE LES ESCLAVES.

Maintenant que nous connaissons les différentes peines qui, en droit romain, emportaient pour l'homme

______

(1) Lois 7, § 3 et 14, § 1. Ulp., Dig., de interd. et releg., XLVIII, 22.

(2) Lois 7, § 2, et 14, pr. Ulp., Dig., de interd. et releg., XLVIII, 22.

(3) Loi 14, § 2, Ulp., Dig., de interd. et releg., XLVIII, 22.

libre privation de la liberté naturelle, nous avons à nous demander quelles peines pouvaient être infligées aux esclaves.

Il y en avait quatre espèces :

1° La première était la peine de mort, qui frappait également les hommes libres; nous n'avons pas à nous en occuper ici.

2° Certaines peines, comme la condamnation aux mines, changeaient la condition de l'esclave. Il devenait servus pœnæ et cessait d'appartenir à son maître (nec ad cum pertinebant, cujus fuerint antequam damnarentur) (1). Le jurisconsulte Gordien nous dit, en effet, dans la loi II au Code, De pœnis (IX, 47), que cette peine s'appliquait indifféremment aux hommes libres et aux esclaves. Il faut noter toutefois une différence, c'est que ces derniers étaient d'ordinaire employés dans les luttes du cirque.

L'esclave condamné aux mines pouvait obtenir sa libération par un bienfait du prince; dans ce cas, un rescrit de l'empereur Antonin a sagement décidé qu'ayant cessé d'appartenir à son maître par l'effet de la sentence, il ne devait pas, lors de sa libération, retomber sous sa puissance. Les empereurs Valérien et Gallien donnent la même décision dans la loi 8 au Code (IX, 51). L'esclave libéré tombait sous le mancipium du fisc. Si le maître réclamait quelque bien à l'esclave, le procurator intervenait et tranchait la question (2).

(1) Loi 8, § 12, Ulp., Dig., de pœnis, XLVIII, 19.
(2) Loi 8, Code, de sententiam passis, IX, 51.

Justinien ayant supprimé la servitude de la peine, la sentence n'eut plus pour effet d'enlever au maître la propriété de l'esclave. Même avant sa suppression, si le crime commis n'entraînait pas la peine de mort ou la condamnation aux mines, l'esclave continuait à appartenir à son ancien maître, même pendant la durée de sa peine.

La peine des travaux publics à perpétuité, et *a fortiori* celle des travaux publics à temps, ne pouvaient pas être prononcées contre les esclaves, car elles n'auraient en aucune façon aggravé leur situation. Si par erreur l'un d'eux avait été condamné aux travaux publics à temps, il retombait à l'expiration de sa peine au pouvoir de son ancien maître.

3° Il y avait une troisième espèce de peine qui ne modifiait en rien le caractère de la servitude, mais l'aggravait seulement, c'est l'emprisonnement (ut est pœna vinculorum). L'esclave condamné à l'emprisonnement perpétuel ou temporaire n'en continuait pas moins à rester la propriété du maître. Les empereurs Dioclétien et Maximien ont décidé dans la loi 13 au Code, de pœnis (IX, 47), que si la sentence n'avait en aucune façon porté atteinte au droit du propriétaire, il était de toute justice que l'esclave lui fût rendu (domino suo obsequi cum par est). A sa sortie de prison l'esclave était rendu à son maître ; si celui-ci ne voulait pas le reprendre, il était vendu, et faute d'acheteur, il subissait les travaux publics à perpétuité (1).

____

(1) Loi 10, pr. Macer., Dig., de pœnis, XLVIII. 19.

4° On employait enfin contre les esclaves les châtiments corporels.

Une dernière remarque doit être faite. Les esclaves subissaient à peu près les mêmes châtiments que les humiliores, c'est-à-dire les hommes libres d'une condition inférieure. L'homme libre recevait la bastonnade avant de subir la peine des travaux publics ; on administrait le fouet à l'esclave, on le gardait en prison pendant un certain temps, puis on le rendait à son maître ; de cette façon on conciliait les intérêts du maître et les droits de la société. Les principes exigeaient qu'on ne privât pas un citoyen de sa propriété avec une trop grande facilité : aussi, afin que l'emprisonnement de l'esclave ne préjudiciât pas au maître, on le faisait travailler pour lui pendant sa captivité. Au point de vue de la société la répression était aussi efficace.

DE LA CONFISCATION, CONSÉQUENCE DES CONDAMNATIONS AUX PEINES CAPITALES.

Le jurisconsulte Callistrate s'exprime en ces termes dans la loi 1 princ. au Digeste, De bonis damnatorum (XLVIII, 20), au sujet de la confiscation : « Damna- « tione bona publicantur, quum aut vita adimitur, « aut civitas, aut servilis conditio irrogatur. » La confiscation était donc la conséquence de toute condamnation à une peine capitale.

Avant d'étudier les effets de la confiscation, il nous

faut examiner rapidement les phases successives de
cette institution jusqu'à l'époque impériale, où nous la
voyons dans son plein développement et d'une pratique
constante. Elle avait été inconnue à Rome dans les premiers temps de la République; bientôt les guerres civiles
éclatent, de part et d'autre on emploie des moyens
énergiques, et la publication du patrimoine fut attachée
ordinairement à l'exil (1). C'est Sylla qui, poussé par
les exagérations de la lutte, eut le triste honneur d'introduire la confiscation dans la législation romaine par
la loi Cornelia, De proscriptis, en l'an de Rome 672 (2).
La confiscation fut bientôt la conséquence de toutes les
peines privatives de la vie ou de la liberté. Quiconque
était condamné à mort, ou in metallum, ou in opus perpetuum (3), à l'exil ou à la déportation (4), voyait ses
biens confisqués, inscrits sur les registres et vendus
publiquement au profit de l'État (5).

Toute personne condamnée à l'une des peines que
nous venons d'énumérer, c'est-à-dire à une peine qui
emportait la maxima ou la media capitis deminutio,
voyait tous ses biens confisqués de plein droit, lors
même que le jugement était resté complètement muet.
La confiscation ne s'opérait jamais qu'après la sentence,
jusqu'alors l'accusé restait propriétaire de ses biens et

(1) Denis d'Halicarn., VIII, 79. — Tite-Live, III, 58, XXV, 4. —
Dion Cassius, XXXVIII, 17.
(2) Cicér., pro Roscio.
(3) Tacite, Annal., III, 23, 68, IV, 20. 21, XIII, 43. — Loi 8, § 1
et 2, Dig., XXVIII, 1.
(4) Const. 1, Code, de pœnis, IX, 47.
(5) Const. 1, Code, de pœnis, IX, 47.

capable de les aliéner. Aussi un débiteur de bonne foi lui payait-il valablement (1) : « Si bonâ fide ei solva- « tur. » S'il mourait dans cet état, il conservait tous ses droits, et ses parents venaient à sa succession (2). Toutefois si l'accusé d'un crime capital se donnait la mort pour échapper au supplice, le fisc revendiquait ses biens (3). Des mesures étaient prises pour sauvegarder soigneusement les droits du fisc. Toute donation ou alié- nation ou renonciation faite en fraude des droits du fisc était rescindée (4). D'après une constitution des empe- reurs Sévère et Antonin, toute personne ayant commis un délit susceptible d'emporter condamnation à une peine capitale devenait incapable de faire des libéralités, si postérieurement un jugement de condamnation était rendu contre elle (5).

Le fisc ne se contentait pas de revendiquer les biens que le condamné possédait au jour de sa condamnation, mais aussi les biens qu'il pouvait acquérir plus tard : telle est la décision contenue dans un rescrit de l'em- pereur Adrien (6). Le condamné jouit sans doute durant sa vie des biens acquis depuis sa condamnation, mais à sa mort ses biens ne passent pas à ses héritiers, ils de- viennent la propriété du fisc.

(1) Loi 11, § 1, Marc, Dig., de bon. damn., XLVIII, 20.
(2) Loi 3, § 7, Marc, Dig., de bon. eorum qui, XLVIII, 21. — Loi 45, § 1, Paul. Dig., de jure fisci, XLVIII, 11. — Loi 2, Code, de bon. eor. qui, XLIX, 50.
(3) Loi 45, § 2, Paul, Dig., de jure fisci, XLIX, 14.
(4) Loi 45, pr. Paul, Dig., de jure fisci, XLIX, 14.
(5) Loi 15, Marc., Dig., de donation., XXXIX, 5.
(6) Loi 2, Callist., Dig., de bonis damnat., XLVIII, 20.

On a contesté ce pouvoir du fisc de s'emparer des biens acquis postérieurement à la condamnation. On se fonde sur la loi 22 § 5, si mandavero, du jurisconsulte Paul au Digeste, mandati (XVII, 1), ainsi conçue : « Is « cujus bona publicata sunt, ut ea emat, et si emerit, « utilis erit mandati actio, si non præstet fidem : quod « ideo receptum est, quia publicatis bonis, quidquid « postea acquiritur, non sequitur fiscum. » Cette loi paraît formelle. Comment résoudre cette antinomie ? Il suffit de remarquer que l'hypothèse prévue par la loi si mandavero et celle que nous examinons en ce moment sont absolument différentes. Le jurisconsulte Paul dans la loi 22 § 5 ne s'occupe pas du condamné qui a subi une capitis deminutio, ni de la question de savoir s'il peut y avoir pour lui d'autre héritier que le fisc, il examine l'hypothèse où les biens d'un individu qui n'a pas subi de capitis diminutio ont été mis en vente. La loi 7, § 5, au Digeste Paul, De bonis damnatorum (XLVIII, 20) vient confirmer cette manière de voir.

La confiscation pouvait-elle s'étendre à la dot de la femme ? Des distinctions sont nécessaires ; trois hypothèses pouvaient se présenter : la personne condamnée pouvait être ou la femme, ou le mari, ou le père.

Première hypothèse : Condamnation de la femme. — Le jurisconsulte Ulpien nous dit que la dot de la femme était confisquée, lorsqu'elle avait été déclarée coupable d'un des cinq crimes suivants : lèse-majesté, violence publique, parricide, empoisonnement, assassinat (1). Le fisc succédait à la femme, mais la faute de celle-ci ne pouvait atteindre le mari, qui conservait vis-à-vis du fisc les droits qu'il aurait pu faire valoir contre sa femme. Si la loi, en vertu de laquelle elle était punie, n'emportait pas publication de la dot, elle était considérée comme morte au point de vue légal, puisqu'elle devenait esclave de la peine, et la dot adventice revenait au mari : ce dernier bénéficiait de la faute de sa femme (2). En cas de déportation, le jurisconsulte Ulpien dit avec raison que cette peine n'entraînait pas la dissolution du mariage; la femme conservait sa liberté, et rien ne s'opposait à ce que le mariage de droit des gens subsistât entre elle et son mari. Si au contraire elle désirait se séparer de son mari, et qu'elle fût fille de famille (filiafamilias), son père avait l'action en répétition de la dot; était-elle materfamilias, le mari conservait la dot, et à la dissolution du mariage on considérait l'action comme née depuis la déportation, quasi humanitatis intuitu.

DEUXIÈME HYPOTHÈSE : CONDAMNATION DU MARI. — Une constitution de Dioclétien et de Maximien s'opposait à ce que la femme fût inquiétée pour la faute de son mari (3); ses biens n'étaient pas confisqués. Le mariage n'était pas dissous par la déportation ou l'interdiction de l'eau et du feu infligée au mari, à moins que la mauvaise fortune n'eût changé l'affection de la femme; aussi

(1) Loi 3, Ulp., Dig., de bonis damn., XLVIII, 20.
(2) Loi 5, Ulp., Dig., de bonis damn., XLVIII, 20.
(3) Const. 2, Code, ne uxor pro marito, IV, 12.

la répétition de la dot n'avait-elle pas lieu de plein droit (1).

Troisième hypothèse : Condamnation du père. — Je suppose que le père qui a constitué la dot est condamné ; le fisc n'avait aucun droit, la dot profectice que le père avait recouvrée en cas de mort de la femme durant le mariage restait au mari (2). Au contraire si le père avait promis une dot à sa fille et ne s'était pas acquitté, le mari avait une action contre le fisc pour le paiement de la dot, sauf le cas de fraude de sa part (3).

Le fisc succédait au condamné, mais y avait-il concours entre le fisc et les créanciers ou bien un privilège au profit de ces derniers? Il était de toute justice que les créanciers antérieurs à la sentence fussent préférés au trésor public; ils avaient contracté de bonne foi avec leur débiteur et avaient compté sur l'exécution de ces obligations, en outre ne pas leur accorder de privilège, c'eût été dénaturer le caractère de la confiscation qui était une peine et ne devait par conséquent frapper que le condamné, non les tiers. La loi 37 au Digeste du jurisconsulte Papinien (xlix, 14) est formelle en ce sens. Quant aux biens acquis depuis la condamnation, les créanciers n'y avaient aucun droit, le jugement ayant fait perdre au condamné sa personnalité civile. Seulement la clémence impériale pouvait n'ordonner

(1) Const. 1, Code, V, 17.
(2) Loi 8, § 4, Marc, Dig., de bon. damn., XLVIII, 20.
(3) Loi 10, Marc, Dig., de bon. damn., XLVIII, 20. — Loi 9, Call., Dig., de bon. damn., XLVIII, 20.

qu'une confiscation partielle : dans ce cas des actions utiles étaient accordées aux créanciers (1).

Certaines personnes jouissaient d'un privilège, c'était les condamnés pour délits militaires relativement à leur pécule castrense, quand ils n'en avaient pas disposé par testament. Ces biens passaient aux héritiers ou aux cognats jusqu'au cinquième degré, et, à leur défaut seulement, au fisc (2).

Il paraît superflu d'ajouter que la confiscation ne pouvait se produire qu'à l'égard des personnes sui juris. Ceux-là seuls ont des biens qui ne sont soumis à aucune puissance paternelle ou dominicale. En cas de condamnation d'un fils ou d'un esclave, le maître ou le père exclut complètement le fisc, et reprend les biens, même ceux composant le pécule castrense ou quasi-castrense. La capitis deminutio qui frappait le fils de famille produisait le même effet que la mort naturelle. Or, si le fils de famille était mort intestat, le père survivant aurait repris comme lui appartenant le pécule castrense du fils, il en est de même dans le cas de condamnation du fils à une peine capitale.

La confiscation était une peine mauvaise, car en frappant le coupable elle atteignait indirectement des innocents. Aussi lorsque le condamné avait des enfants, afin de ne pas les punir trop sévèrement pour une faute qu'ils n'avaient pas commise, un motif d'humanité avait fait décider qu'on leur laisserait une partie de la succes-

(1) Loi 14, § 3, Ulp., Dig., de interd. et releg., XLVIII, 22.
(2) Loi 2, Papin., Dig., de veteran. et milit. success., XXXVIII, 2

sion (1). Quelquefois même, par faveur particulière, une remise complète de la confiscation leur fut accordée, mais il faut avoir soin de remarquer que ce ne fut jamais là une règle générale (2).

Des modifications se produisirent heureusement dans la législation (3). Depuis Théodose II les gouverneurs des provinces durent consulter l'empereur pour chaque confiscation (4). Une constitution de Théodose et de Valentinien assure aux fils des déportés pour tout autre crime que celui de lèse-majesté la moitié de la succession (5). Justinien alla plus loin et supprima cette peine : dans sa novelle XXXIV il décide que les biens des condamnés passeront à leurs descendants ou ascendants jusqu'au troisième degré, excepté dans le cas de crime de lèse-majesté (6).

(1) Loi 7, pr. § 2, 3, 4. — Loi 8, 1, 2, 3. — Paul, Dig., de bon. damn., XLVIII, 20. — Const. 10, Code, de bon. proscript., IX, 49.
(2) Loi 7, § 5, Paul, Dig., de bon. damn., XLVIII, 20.
(3) Lois 2, 4, 6, 8, 9, 10, Code, Th. de bon. proscript., IX, 49.
(4) Const. unique, Code, Th. ne sine jussu, IX, 40.
(5) Const. 10, Code, de bon. damn., IX, 49.
(6) Nov. 17, cap. 12, Auth., collat. III, tit. iv. — Nov. 134, cap. 13, Auth., coll. IX, tit. xix.

DROIT FRANÇAIS

Etude comparée de la transportation et de l'emprisonnement cellulaire aux deux points de vue répressif et moralisateur. — Etat de la question en France et dans quelques pays.

———

M. le garde des sceaux, ministre de la justice, dans son rapport adressé au président de la République sur l'administration de la justice en France pendant les années 1876 et 1877, s'exprime ainsi : « La situation au « point de vue des accusations n'est pas encore telle qu'il « y a lieu de la désirer, mais elle s'est beaucoup amélio- « rée. (1). » Quiconque se préoccupe de l'avenir de notre pays, quiconque s'intéresse à sa bonne comme à sa mauvaise fortune, doit se féliciter de cette amélioration dans la moralité publique. Cette diminution dans la perversité ne s'est pas seulement produite pendant les deux années dont parle le rapport, elle persiste depuis vingt-cinq ans. En 1855, il se produit pour la première fois une décroissance générale de criminalité, décroissance assez sensible d'après le rapport sur la statistique criminelle, de 15 sur 100 pour les crimes, et de 8 sur 100 pour les délits (2). Cette situation s'est maintenue les années suivantes dans des proportions tantôt plus, tantôt

(1) Journal officiel, jeudi 21 août 1879.
(2) Statistique criminelle, 1856, rapport, p. 6 et 17.

Dassonville.   5 moins considérables (1). Nous pouvons dire sans crainte que nous sommes enfin entrés dans la voie du progrès moral, espérons que l'avenir ne nous infligera pas un cruel démenti. Malheureusement, à côté de ce progrès si satisfaisant, il faut mettre à jour une plaie sociale : il est une classe de malfaiteurs endurcis qui semblent braver les arrêts de la justice, je veux parler des récidivistes. Ils forment une véritable armée, et leur nombre va s'augmentant d'année en année. En 1828 le nombre des récidivistes en France était de 4,760, en 1860 de 42,761, et en 1868 on en compte plus de 65,000. Il faut reconnaître que le casier judiciaire n'a été organisé que sous le second Empire, et que par conséquent en 1828 on pouvait ignorer beaucoup de récidivistes. Mais en 1860 cette institution fonctionne régulièrement, et cependant de 1860 à 1868 le nombre des récidivistes s'accroît de 22,450, c'est-à-dire de plus de moitié. Le chiffre de 65,000 récidivistes eût été plus grand si de 1854 à 1868 il n'y avait pas eu élimination du sol de la patrie de plus de 20,000 forçats envoyés à la Guyane ou à la Nouvelle-Calédonie. Ce qu'il importe surtout de remarquer, c'est le court espace de temps qui s'écoule entre la libération des condamnés et leur nouvelle condamnation. Les chiffres que nous présentons ne sauraient être contestés : nous puisons nos renseignements dans le rapport sur la statistique criminelle présenté au mois d'août 1877 par M. le garde des sceaux, ministre de la justice. L'administration ne s'occupe que des individus qui ont

____

(1) Statist. crim., 1856-57-58-59-60, etc.

passé plus d'un an dans les établissements pénitentiaires, elle les suit dans la vie privée pendant l'année de leur libération et les deux années qui   vent. Ainsi les renseignements du rapport se réfèrent aux condamnés libérés en 1875 et repris en 1875, 1876 et 1877. En 1877 on comptait 5,289 condamnations pour 7,400 libérés de 1875, la proportion des rechutes dans le délai indiqué est de 71 pour 100. L'année 1877 ne parait pas à première vue plus mauvaise que l'année précédente, les proportions dans le nombre des rechutes sont, en effet, les mêmes. Mais si on prend pour base des calculs non pas le nombre des individus, mais le nombre des poursuites, l'accroissement est assez sensible. En 1876 on comptait 4,873 condamnations pour 7,221 libérés de 1874, soit 67 pour 100 seulement. M. le ministre de la justice termine son rapport en disant que la situation n'a jamais été plus mauvaise. Aussi nous n'hésitons pas à pousser le cri d'alarme, cri poussé déjà bien des fois avant nous. On ne saurait trop le répéter, c'est là qu'est le péril social, et ron ailleurs. Tous les ans plus de 3,000 malfaiteurs sortent des maisons centrales, plus corrompus qu'à leur entrée, experts dans l'art de mal faire, mûrs pour le crime, et résolus à se venger de cette société à laquelle ils ont déclaré la guerre. Remarquez que nous ne mettons pas en compte les 110,000 individus que rejettent chaque année les prisons départementales ; qui oserait dire cependant que la corruption, pour être moins prolongée, y est moins profonde. Je le répète, là est le danger, c'est à cette plaie sociale qu'il faut apporter un remède : le temps presse, si vous res-

tez plus longtemps dans l'inaction, si vous laissez mon-
ter tranquillement cette effroyable marée, qui sait si vous
ne serez pas bientôt débordés ; c'est vous, législateurs,
qui serez responsables si la vie et la fortune des honnêtes
gens ne sont plus sauvegardées. Où est le remède ? Là
est la question. Les causes principales de cet accroissement effrayant du nombre des récidives sont au nombre de trois : l'imperfection de notre système pénitentiaire,
la séduisante perspective de la transportation à la Nouvelle-Calédonie, enfin l'extrême difficulté du reclasse-
sement des libérés dans la société.

Sans doute il ne faut pas espérer trouver un remède
absolu, mais comme la principale cause de démoralisation des détenus est l'imperfection de notre système
pénitentiaire, c'est de ce côté que nous dirigerons nos
études. Le but à atteindre, c'est d'arrêter cette progression dans la perversité, d'essayer de faire pénétrer chez
quelques coupables non pas l'honnêteté morale, mais
cette honnêteté légale dont la société doit se contenter,
enfin de débarrasser la société, en cas de besoin, des
plus endurcis dans le crime.

Moyens mis a la disposition de la société pour
punir les malfaiteurs. — La société, qui veut infliger une peine à l'individu coupable d'une infraction à
la loi pénale, a deux moyens à sa disposition : l'incarcérer pendant un certain temps ou le transporter dans
une colonie lointaine, d'un côté l'emprisonnement, de
l'autre la transportation. Nous ne nous appesantirons
pas sur l'emprisonnement en commun ; ce mode de ré-

pression est aujourd'hui jugé, condamné, abandonné par tous les criminalistes. La prison en commun est une école de vices et de corruption, le condamné en sort toujours plus mauvais qu'il y était entré. Qu'y-a-t-il là d'étonnant ? Le résultat contraire serait seul de nature à noûs surprendre. Des centaines de personnes dont la moralité est si différente, condamnés, prévenus, jeunes gens au-dessous de seize ans, quelquefois même les femmes sont réunies dans un même lieu. Là il n'y a point de place pour les sentiments honnêtes : le vice y règne en maître, les condamnés s'excitent mutuellement au mal, sans parler des rapports monstrueux qu'ils ont entre eux pendant la nuit, le moins perverti prête une oreille attentive aux récits que les plus corrompus font de leurs exploits, et chaque criminel est coté suivant les hauts faits accomplis. Là sont conçus tous les sinistres projets que l'on doit mettre à exécution à l'époque de la libération ; ce moment arrivé, on se recherche, on se retrouve, on s'affilie, et si l'un de ces libérés, animé de sentiments meilleurs, voulait abandonner la voie du vice et n'acquérir désormais de ressources que par un travail honorable, celui-là ne résisterait pas longtemps aux obsessions et aux menaces qui lui seraient faites. C'est à ce système d'emprisonnement qu'il faut attribuer cet accroissement considérable dans le nombre des récidives.

Quels que soient les palliatifs qu'on veuille y apporter, en introduisant des classifications parmi les détenus, ce système s'oppose par sa nature même à toute idée de réforme chez le condamné. Une ordonnance de 1828 avait établi une classification en répartissant dans trois bagnes différents, ceux de Rochefort, Brest et Toulon, les condamnés aux travaux forcés. Toulon devait recevoir les forçats condamnés à dix ans et au-dessous, Brest et Rochefort les forçats condamnés à plus de dix ans : dans ces deux derniers bagnes on recommandait de séparer fréquemment les condamnés à vie ou à plus de vingt ans de ceux dont la peine ne devait pas durer au delà de vingt années. On reconnut bien vite l'inutilité de cette classification. L'immoralité n'est pas en proportion de la gravité de l'infraction. Souvent des condamnés à six ou sept ans étaient plus corrompus que des condamnés à dix ou vingt ans. Pour diminuer le mal, disent certains criminalistes, il suffit d'établir des classifications, non d'après la nature du délit ou la gravité de la peine, comme on l'a fait d'ordinaire, mais d'après la moralité des condamnés. Mais comment connaître cette moralité? Sera-ce le directeur de la prison qui sera juge de la question, ou bien les présidents des tribunaux ou le ministère public qui donneront une note sur chaque individu et indiqueront ceux qu'ils considèrent comme susceptibles d'amendement. Il n'est pas possible d'établir parmi les condamnés une classification qui satisfasse pleinement la raison. Prenez cent détenus, vous ne trouverez pas deux moralités semblables, toutes sont différentes, et la plus mauvaise influera nécessairement sur la meilleure. Cette impossibilité de classer les détenus étant constatée, il faut avoir recours à la séparation complète. Le système cellulaire, plus ou moins rigoureux suivant le régime que l'on adopte, est aujourd'hui jugé : il est considéré par les criminalistes comme le seul susceptible de faire décroitre le nombre des récidives, sinon en améliorant les coupables, du moins en empêchant leur corruption.

La société a un autre moyen à sa disposition, plus prompt, plus énergique, c'est la transportation. Le système de la transportation repose sur une idée vraie, très propre par sa nature à faire impression sur les masses, qui n'ont pas le temps d'approfondir. Les criminels deviennent trop nombreux, leur présence devient un danger pour la mère patrie, on les exporte dans une colonie lointaine. Cette idée si simple s'est propagée rapidement, et aujourd'hui le régime de la transportation compte de nombreux partisans.

Deux systèmes restent en présence et peuvent être proposés aux législateurs : 1° le système de l'emprisonnement cellulaire dont le but est d'améliorer le délinquant dans la prison et par la prison; 2° le système de la transportation qui consiste à éloigner les condamnés de la métropole. Lequel de ces deux systèmes doit être préféré? Tel sera l'objet de nos études.

CARACTÈRES D'UNE BONNE PEINE. — La société, en infligeant un châtiment à l'auteur d'un crime ou d'un délit, se propose le maintien de l'ordre et la protection du droit. Le but de la peine est complexe, le législateur en frappant le coupable poursuit une triple fin : 1° que le condamné expie la faute commise; 2° que la peine soit exemplaire; 3° qu'elle améliore le coupable.

Sénèque avait déjà proclamé cette vérité : « In vindicandis injuriis, hæc tria lex secuta est, quæ princeps quoque debet, ut eum quem punit emendet, aut ut pœna ejus cœteros reddat meliores, aut ut sublatis malis superiores cœteri vivant. »

1° La peine doit être une expiation. Le législateur avertit avant de frapper ; si l'on n'a pas tenu compte de ses avertissements, il se trouve dans la nécessité d'atteindre le coupable et de lui infliger une peine proportionnée à la faute commise. Le Code pénal, a dit M. Thiers, est un instrument qui est un sifflet par un bout, fouet par l'autre.

2° Elle doit être un exemple, une leçon pour le public. Elle a pour but d'inspirer aux autres une crainte salutaire et d'empêcher que le coupable ne trouve des imitateurs : à ce point de vue elle est préventive d'infraction. « Pœna in paucos est metus in omnes. »

3° Elle doit autant que possible profiter au délinquant, sans quoi elle manquerait son effet et n'atteindrait pas le but que le législateur se propose. C'est là sans doute un moyen d'éducation extrême, mais que l'on ne peut éviter.

La peine doit donc être tout à la fois expiatrice, réformatrice et exemplaire. Aucun de ces résultats pris isolément n'atteindrait le but final de la peine. Supposez une peine simplement répressive : dans ce système la meilleure peine sera la plus rigoureuse, parce que le but unique est de châtier le coupable, mais, la peine subie, quel avantage le législateur aura-t-il retiré de ce châtiment excessif? Le coupable ne sera pas régénéré, et il rentrera dans la société plus corrompu, désireux de se venger de cette société qui n'a gardé envers lui aucun ménagement. Il serait tout aussi dangereux de tomber dans l'excès contraire, c'est-à-dire de songer uniquement à la réforme morale du coupable. Dans ce système on traite les coupables comme des individus moralement malades et qu'il faut ramener au bien, les peines cessent d'inspirer toute espèce de crainte, et le nombre des coupables augmente dans des proportions effrayantes. Les canonistes ont eu le tort d'exagérer ce but de la peine. Quant au principe d'intimidation considéré isolément et en dehors de tout autre principe qui le corrige et le limite, il conduit logiquement à l'énormité dans les peines; il permet de sacrifier l'innocence, puisque le supplice de l'innocent produira les mêmes effets que celui du coupable.

Maintenant que nous savons quelle est la triple fin que doit poursuivre le législateur en édictant une peine, il nous sera possible d'étudier les théories de l'emprisonnement cellulaire et de la transportation, et de les comparer aux deux points de vue répressif et moralisateur. Nous étudierons tout d'abord l'emprisonnement cellulaire sous ses différentes formes et la transportation, puis nous comparerons ces deux systèmes au double point de vue que nous venons d'indiquer, sans négliger toutefois de signaler les avantages ou inconvénients secondaires de chacun d'eux. Cette étude faite, nous nous demanderons quel est l'état de la question en France, et dans quelle mesure ces deux systèmes sont appliqués; autrement dit, nous aurons à faire une étude détaillée des deux lois de 1854 sur la transportation et de 1875 sur l'emprisonnement cellulaire. Nous serons alors naturellement amené à nous demander ce qu'il reste à faire, et quel système devrait être établi dans l'état actuel de notre législation. Comment passer sous silence les législations des pays étrangers? comment ne pas les comparer avec la nôtre? Dans une question semblable les intérêts de toutes les nations civilisées sont conformes, le but poursuivi est le même. Il ne saurait être sans intérêt de voir comment les nations étrangères ont résolu ce difficile problème.

DE L'EMPRISONNEMENT CELLULAIRE SOUS SES
DIFFÉRENTES FORMES.

Avant d'aborder l'étude de la réforme pénitentiaire, il faut absolument se garder de certaines illusions et ne pas espérer, comme l'ont fait quelques philanthropes, qu'un jour viendra où, tous les méchants étant régénérés, on n'aura plus besoin de prisons. C'est là une utopie, je dirai même une utopie dangereuse, car elle aurait nécessairement pour effet de subordonner l'action répressive de la justice au désir de régénérer le coupable. L'amendement du coupable doit s'essayer à l'occasion de la peine, non à son préjudice; il est un accessoire désirable, non un but principal, et si l'on s'en préoccupait exclusivement au point de lui sacrifier le caractère essentiel de la peine, la réforme ne serait qu'un

changement dans la manière de dépraver les hommes.
La première base de tout système pénal est la répression
de l'acte par le châtiment du coupable; c'est là un principe que l'on ne doit jamais perdre de vue quand on
étudie la réforme pénitentiaire. C'est dans le mode
d'exécution de la peine qu'il faut rechercher le moyen
de réformer le coupable. Notre but est donc nettement
défini : chercher un système qui soit susceptible d'amener l'amendement moral du coupable, tout en conser-
vant à la peine son caractère de châtiment.

Le premier progrès à réaliser, c'est de faire en sorte
que la prison ne déprave pas le condamné : pour atteindre
ce but, il faut éviter l'agglomération des prisonniers dans
un même lieu. Ce moyen de corruption écarté, quel est
le système le plus propre à opérer la réforme morale du
coupable?

Divers systèmes pénitentiaires sont ou ont été
appliqués.

1° Emprisonnement solitaire de jour et de nuit
sans travail. — Je n'en parle ici que pour mémoire,
ce système étant complètement abandonné aujourd'hui.
Le régime de la cellule sans travail a été expérimenté
en 1786 dans la prison de Walnut-Street à Philadelphie : ses conséquences funestes ont bientôt forcé à y
renoncer. L'expérience avait démontré que l'oisiveté
dans laquelle était plongé le détenu le corrompait davantage : ce régime, s'il était prolongé quelque temps,
altérait la santé du prisonnier, provoquait chez lui
le désespoir au point de le rendre fou, éveillait des idées

de suicide, sans amener aucun changement dans sa moralité.

2° EMPRISONNEMENT SOLITAIRE DE JOUR OU DE NUIT, AVEC TRAVAIL EN COMMUN PENDANT LE JOUR, AU MILIEU D'UN SILENCE ABSOLU. — C'est le système auburnien, ainsi appelé parce qu'il a été appliqué pour la première fois à Auburn en 1823. Les prisonniers sont mis en cellule la nuit, le jour ils travaillent dans un atelier en commun au milieu d'un silence absolu. Ce système marque un progrès considérable sur le régime de l'emprisonnement en commun, seulement la réunion des prisonniers pendant le jour détruit tous les bons effets que peut produire la cellule. La corruption est moins grande sans doute que dans le régine en commun de jour et de nuit, mais il n'y a pas dans l'obligation du silence un obstacle suffisant; la moralisation du condamné n'est pas impossible, mais elle se heurte à des obstacles presque insurmontables.

Ce système, au dire de ses partisans, serait exempt de tout inconvénient et ne présenterait que des avantages : le principal serait d'habituer le détenu à l'obéissance au lieu de briser chez lui toute volonté, comme le fait le système de l'isolement complet de jour et de nuit. Si on objecte qu'il est impossible de faire observer un silence absolu, les partisans du système auburnien répondent avec franchise qu'en effet il ne règne pas toujours dans les ateliers un silence religieux, mais ils s'empressent d'ajouter que les cas d'infraction sont tellement rares qu'ils ne sont pas dangereux.

Comment parvient-on à obtenir un silence complet de plusieurs centaines de prisonniers? En appliquant les châtiments corporels, et sur ce point tous les directeurs des établissements pénitentiaires des Etats-Unis (système auburnien) sont d'accord pour reconnaître que l'usage du fouet est indispensable au maintien de la discipline. On se propose de réformer les prisonniers, et on espère y arriver en leur infligeant une peine ignominieuse: comment voulez-vous relever la moralité d'un homme déchu à ses propres yeux. C'est en prouvant au condamné qu'on ne veut que son propre intérêt, en obtenant de lui le travail et la soumission, en cherchant à attirer à soi sa volonté et en évitant de l'aliéner, qu'on parviendra à lui inculquer dans l'âme des sentiments religieux et moraux: l'emploi du fouet ne fera qu'aigrir son caractère, et aura pour effet de lui faire sentir le poids du joug qu'il subit, de le soumettre sans le convaincre. Ce moyen seul suffirait pour le rendre inadmissibe en France.

Ce système est aujourd'hui délaissé, il a été reconnu insuffisant pour opérer l'amendement et l'amélioration du condamné. L'instruction morale y est impossible: les détenus sont sans cesse distraits de la méditation par la présence de leur compagnons, cette présence seule est pour eux une cause de résistance et de désordre, un encouragement à l'insubordination. L'instruction religieuse y est encore moins praticable: une prière ou un sermon fait en commun n'a guère d'influence sur des esprits parfaitement corrompus, l'exhortation a besoin d'être appropriée au caractère de chaque détenu, enfin les différences de religion réclament des pratiques diverses. Les détenus ont la faculté de se voir, ils peuvent parfaitement se reconnaître après leur liberté, ce qui entraine de dangereuses conséquences pour l'avenir et une perpétuelle cause de récidive.

Cette peine n'est pas également répressive pour tous. Le criminel endurci la craint moins que l'homme égaré qu'un moment de passion a entraîné dans le crime; celui-ci éprouve un supplice inconnu au premier, celui d'être soumis aux regards et au contact de ses compagnons de captivité. En outre, le travail dans les ateliers communs donne au pénitencier plutôt l'aspect d'une manufacture que celui d'une prison, ce qui ôte en partie à la peine son caractère d'intimidation.

Ce système présente de nombreux inconvénients au point de vue pratique. Il est très coûteux: les dépenses sont doubles, car il faut des cellules pour la nuit et des salles communes pour le jour. Il exige de la part des gardiens une surveillance incessante; de plus, si les détenus n'ont pas un réfectoire et des préaux communs, il faudra les faire rentrer dans leurs cellules pour les repas et les heures de repos; toutes choses qui nécessitent l'agmentation du personnel dans des proportions assez notables.

3° EMPRISONNEMENT SOLITAIRE DE JOUR ET DE NUIT AVEC TRAVAIL. — C'est le régime pensylvanien ou de Philadelphie, parce qu'il a été employé pour la première fois dans les prisons de la Pensylvanie, à Philadelphie. Les prisonniers sont en cellules le jour et la nuit.

Ce mode de répression semble, à première vue, être un véritable supplice pour le condamné, malgré la distraction que lui procure le travail. Avant de porter un jugement, il est indispensable d'avoir une idée bien nette de ce qu'on entend par emprisonnement cellulaire. En quoi se distingue-t-il des autres systèmes de détention, du régime de la réunion, du classement, du régime silencieux d'Auburn et de toutes les autres combinaisons? L'emprisonnement séparé ou cellulaire consiste essentiellement dans la séparation complète des détenus les uns des autres et dans la substitution de la société moralisatrice des employés ou des visiteurs à la société dangereuse et corruptrice des prisons communes. Nulle part on ne propose que l'isolement soit absolu. S'il le fut dans les premiers temps à Philadelphie, au pénitencier de Cherry-Hill, où le détenu était privé de travail et ne voyait jamais ses gardiens, ce régime a été bientôt abondonné. Ce que l'on veut, c'est simplement placer le prisonnier dans la position où il se trouverait naturellement s'il n'y avait pas d'autres détenus dans la prison. A qui fera-t-on croire que la présence d'un certain nombre de malfaiteurs dans le même lieu soit nécessaire pour préserver la santé, la raison ou la vie du détenu.

L'emprisonnement cellulaire de jour ou de nuit permet d'atteindre le but que tout législateur se propose en infligeant une peine : réprimer et moraliser.

Au point de vue répressif il réunit toutes les conditions désirables. L'homme, en effet, est un être essentiellement sociable: or, quoi de plus douloureux que d'être privé de la société de ses semblables! Le silence et la solitude sont pour le prisonnier une leçon plus sévère que n'importe quelle contrainte et que la discipline la plus rigoureuse. Si l'on veut que ce régime produise de bons résultats, il faut se garder avec soin de procurer au condamné des douceurs et un bien-être dont sont généralement privés les ouvriers de nos villes et les habitants des campagnes. Faire des prisons des séjours agréables, comme l'ont proposé certains philanthropes qui voient dans les détenus des malades à guérir, c'est poursuivre un but diamétralement opposé à celui qu'on se propose. Le résultat ne saurait être douteux. A peine sortis de prison, les libérés s'empresseraient de commettre de nouveaux crimes pour y être ramenés et y passer leur existence à l'abri du besoin et de tout souci. Si le régime de la prison ne doit altérer en rien la santé des détenus, il doit être cependant assez rigoureux pour qu'ils conservent de leur séjour dans ces lieux une impression mauvaise et qu'ils ne soient pas tentés d'y retourner. Un avantage considérable que présente l'emprisonnement cellulaire sur d'autres peines qui pourraient être aussi répressives, c'est de ne pas frapper l'homme dans sa dignité, comme le faisaient la condamnation aux galères dans notre ancien droit, la condamnation aux bagnes jusqu'en 1854. Enfin avec le régime cellulaire la peine infligée est proportionnée à la culpabilité; car la solitude est d'autant plus poignante que le détenu est plus coupable

et plus corrompu : tolérable pour l'homme condamné à
une courte détention et qui entrevoit avec consolation
la perspective de rentrer bientôt dans une vie honnête,
elle est imposante et terrible pour le coupable qui doit
compter de longues années d'angoisses et de remords.
Elle porte ainsi en elle-même, et par la seule mesure de
sa durée, un châtiment proportionnel à la gravité de la
faute qu'elle est destinée à punir.

Au point de vue moral, l'emprisonnement cellulaire
de jour et de nuit est le seul qui n'apporte aucun obstacle à la réforme du condamné. Demandons-nous d'a-
bord ce qu'il faut entendre par réforme morale. Espè-
re-t-on faire d'un criminel un homme véritablement
vertueux dans toute l'acception de ce mot? Le cas a pu
se présenter, mais les exemples sont rares. Une telle
réforme ne pourrait être obtenue que des jeunes délin-
quants, qui n'ont pas encore perdu tout sentiment honnête. La seule réforme que la société doit avoir en vue,
c'est que les condamnés libérés ne retombent point
en récidive; elle n'arrivera à ce but qu'en leur incul-
quant les principes de la morale et de la religion, en
leur apprenant un état, et surtout en leur inspirant
l'amour et l'habitude du travail. Il pourra arriver sans
doute que cet amendement radical soit atteint; le but
imposé au système pénitentiaire sera dépassé, et on ne
pourra que s'en féliciter. Il ne faut pas se faire illusion
et croire que l'emprisonnement cellulaire puisse prévenir toutes les récidives; non, le but du législateur sera
atteint, ses efforts n'auront pas été dépensés en pure
perte si ce régime a l'heureux effet de faire décroître

progressivement le nombre des récidives, ce que l'on n'a encore pu obtenir par l'emploi d'aucun autre régime.

Voyons maintenant quelles conditions doit remplir un bon système pénitentiaire pour amener la réforme du condamné. Il doit avoir pour base : 1° la séparation complète des détenus le jour et la nuit, de façon à empêcher la communication des idées et les encouragements mutuels au mal; 2° le travail comme donnant des habitudes d'ordre, de soumission et d'économie et assurant au condamné la ressource d'un pécule au moment de sa libération; 3° l'instruction morale et religieuse des détenus; 4° la nécessité de fréquentes visites au détenu par des personnes honorables, tels que directeurs, surveillants, personnes de la ville, etc...

En admettant même que l'isolement complet ne corrige pas, il a du moins cet avantage réel d'empêcher la démoralisation du détenu. Sous ce régime les détenus n'ont entre eux aucune communication, ils ne se voient pas, ne se connaissent pas, et par conséquent à leur rentrée dans la société ils ne sont pas dans la dépendance les uns des autres. Combien de libérés, ayant la volonté et le pouvoir de se bien conduire, ont été repoussés dans le crime par des hommes qu'ils avaient connus en prison. Je vais plus loin et je prétends que l'isolement complet agit d'une façon efficace sur le détenu. Qui oserait contester l'influence considérable de la solitude sur le moral de l'homme! Placé en présence de lui-même, le détenu songe à son existence passée, il commence à comprendre toute l'énormité et l'étendue de sa faute. S'il n'est pas complètement perverti, la voix de la conscience se fait bientôt entendre, le remords pénètre dans son âme, la pensée de son crime le saisit d'effroi et le glace d'épouvante. L'abattement succède au remords; il éprouve le besoin de se décharger du poids qui l'oppresse. Ce qu'il lui faut maintenant, ce sont des consolations. Que l'aumônier lui porte dans sa cellule des paroles de paix et d'espérance, que le directeur vienne ranimer son courage chancelant et lui fasse comprendre que la société ne repousse pas l'homme repentant, que des âmes charitables s'intéressent à lui en lui faisant de fréquentes visites, et vous verrez bientôt le calme renaître dans cette âme troublée et s'y manifester le désir de rentrer dans la bonne voie.

S'il est bon que le détenu rentre en lui-même et se fasse pour ainsi dire sa propre confession, on ne saurait cependant l'abandonner durant des jours entiers à ces tristes pensées. Une occupation lui est nécessaire, il faut lui procurer du travail dans sa cellule, lui apprendre un métier, si c'est possible. Loin d'être une aggravation de peine, il est considéré par tous les détenus comme un véritable bienfait. Jamais personne n'a contesté l'utilité de ce moyen, c'est la condition sine qua non de toute réforme. On a soulevé diverses objections. Une foule d'industries, a-t-on dit, exigent des machines ou un travail en commun; en outre il n'est guère possible d'occuper solitairement que les condamnés qui savent déjà un état. Qu'est-ce qui empêcherait que les surveillants apprissent aux détenus les métiers de cordonnier de tailleur ou de menuisier suivant leur propre aptitude. On a compté plus de soixante occupations qui peuvent occuper le temps du détenu et ne supposent ni n'exigent aucun apprentissage. Il faut donc, autant que possible, s'attacher à procurer une profession aux condamnés ou du moins leur inspirer l'amour du travail. C'est la meilleure garantie contre les récidives : le libéré trouvera dans sa profession un moyen honnête de gagner sa vie et ne sera plus tenté de commettre de nouveaux crimes. Si la détention est de courte durée, on ne saurait avoir la prétention d'apprendre au détenu un métier; le travail aura, même dans ce cas, l'avantage sérieux d'avoir occupé le condamné et imposé un frein à son imagination. S'il est besoin d'un dernier argument en faveur de l'organisation du travail dans les prisons, argument pratique cette fois, auquel je n'attache qu'une importance secondaire, puisqu'il s'agit ici de la moralisation du condamné, c'est que le travail rend la détention moins dispendieuse à la société.

L'influence des croyances religieuses, il faut bien le reconnaître, joue aussi un grand rôle dans la réforme morale des condamnés. C'est dans le système de l'emprisonnement individuel que le condamné écoute et retient le mieux les vérités qui lui sont enseignées. Isolé de ses compagnons, il n'a plus honte de recevoir des conseils de personnes honorables. Le prêtre n'est plus pour lui un objet de dérision et de haine, sa seule présence ranime son courage, il souhaite sa venue et s'afflige en le voyant partir.

Si le but du système cellulaire est d'interdire toute

communication entre le détenu et ses compagnons de captivité, on ne saurait trop favoriser les visites qui sont de nature à réveiller chez le condamné les bons instincts : il y a là, en outre, une source de distractions salutaires. Des communications régulières doivent donc être établies non seulement entre le détenu d'une part et le directeur et l'aumônier d'autre part, il faut encore faciliter l'accès de la prison aux personnes honorables de la ville : il est de toute nécessité que le coupable ne soit jamais longtemps livré à lui-même. Et à ce propos on ne saurait trop insister sur les difficultés que présente le choix d'un bon directeur.

Rien de plus difficile que de trouver réunies dans un seul homme toutes les qualités indispensables pour bien diriger un établissement pénitentiaire. Je ne parle pas de la capacité administrative qui est trop évidente. La mission délicate que la société lui confie exige qu'il ait occupé une position honorable dans la société ; à une connaissance parfaite du monde et des hommes, il doit joindre le tact et le discernement. Il est un véritable magistrat, et doit distribuer les peines et les récompenses avec mesure et avec justice. S'il possède ces diverses qualités, si enfin il s'intéresse à ses prisonniers, s'il cherche à ranimer en eux le sentiment moral et les encourage, il leur inspirera bientôt la confiance et le respect et arrivera à exercer sur eux un salutaire empire. Mais le directeur à lui seul ne peut accomplir cette tâche, il lui faut le concours de tous les employés sous ses ordres. Il doit veiller à ce que ses auxilliaires ne brutalisent pas les prisonniers et ne leur infligent pas une punition mal à propos. Que tous, directeur et employés, soient animés du même esprit, poursuivent le même but et fassent leurs efforts, chacun dans sa sphère d'action, pour assurer le succès de l'entreprise, et le système pénitentiaire ainsi conçu pourra produire de bons résultats.

Pour faciliter la tâche du directeur de la prison, on pourrait imposer au président du tribunal qui a rendu le jugement de condamnation, l'obligation de lui transmettre des notes sur les causes, la nature et les diverses circonstances du crime, sur la vie antérieure du coupable, sur les révélations qui se sont produites au cours de l'instruction et des débats. Ainsi renseigné, le directeur pourrait régler sa conduite envers le condamné, dès son arrivée à la prison.

La surveillance pour être active, vigilante, exige que le nombre des détenus ne dépasse pas cinq à six cents. Un pénitencier plus considérable ne remplirait plus les conditions exigées pour obtenir la réforme, le directeur et ses employés ne seraient plus en position d'exercer leur influence d'une manière aussi efficace ; or, la base principale sur laquelle repose l'emprisonnement séparé, c'est la connaissance de chaque détenu en particulier et son traitement individuel.

Le système de l'emprisonnement cellulaire de jour et de nuit a pour lui la sanction du temps et de l'expérience.

Pour s'en convaincre, il suffit de consulter les directeurs des prisons soumises à ce régime : tous reconnaissent la supériorité du système cellulaire continu.

Telle était l'opinion du célèbre législateur Livingstone ainsi que celle de M. Ducpétiaux, inspecteur général des prisons belges, connu par ses travaux sur le régime pénitentiaire.

Ce régime a enfin obtenu l'assentiment des hommes les plus recommandables, tels que Beaumont et Tocqueville, Crawford (1), le conseiller Demetz, Julius (2), la plupart des directeurs des prisons en Angleterre (3) et le comte de Thun en Allemagne (4).

La plupart des gouvernements de l'Europe ont envoyé en Amérique des hommes compétents avec la mission de rechercher le meilleur mode d'exécution du système pénitentiaire. La plupart étaient partis avec des idées peu favorables à ce régime : la force des faits les a conduits à se prononcer unanimement en faveur de l'emprisonnement cellulaire de jour et de nuit.

Ainsi, M. Crawford, pour n'en citer qu'un, quitte l'Angleterre en 1833, visite les pénitenciers d'Amérique et présente en 1834 un rapport sur le système pénitentiaire aux Etats-Unis : « En jugeant le caractère respectif des deux systèmes, il en résulte que la discipline d'Auburn a un caractère tout physique et que la discipline de Philadelphie est toute morale. Le fouet inflige une peine immédiate, mais la solitude inflige une terreur

(1) Rapport sur les pénitenciers d'Amérique, et sa déposition devant la commission. First report of the inspectors of prisons, p. 77.

(2) M. Julius, à son retour d'Amérique, s'est prononcé exclusivement en faveur du système de Philadelphie.

(3) First report from the select committee, p. 116 à 165.

(4) De la nécessité de la réforme morale, p. 12, 21.

permanente. Le premier dégrade celui qu'il humilie, l'autre subjugue sans avilir. Auburn excite les pensées de vengeance, Philadelphie conduit à une soumission habituelle. Le prisonnier d'Auburn libéré, convaincu qu'il est connu de ses anciens compagnons de prison et que le public a les yeux fixés sur lui, voit un accusateur dans chaque homme qu'il rencontre ; le prisonnier de Philadelphie quitte sa cellule, plein de sécurité contre toute reconnaissance, il est réhabilité aux yeux de la société (1).

Le même économiste écrivait le 11 juillet 1837 à M. Demetz : « Plus j'ai étudié ce système (celui de Philadelphie), plus j'y ai réfléchi, plus s'est affirmée ma confiance dans sa valeur inappréciable, soit qu'il s'agisse des prévenus, soit qu'il s'agisse des condamnés. Je suis maintenant parfaitement convaincu non seulement de sa supériorité sur le système du silence, mais je crois aussi que c'est le seul plan qui protège les prévenus contre la corruption et qui effraie, corrige et réforme le coupable... Je n'hésite pas à dire que si, lors de la rédaction de mon rapport, j'avais connu tous les inconvénients du plan du silence, comme j'ai été à même de le faire depuis, et particulièrement la nécessité rationnelle de recourir à l'espionnage et aux châtiments à l'aide desquels seul il peut être maintenu, aucune considération n'aurait pu m'empêcher de protester avec force contre son application, sous quelque

(1) Report of William Crawford, esquire, on the penitentiaries of the United-States, p. 19, août 1834.

forme et avec quelque modification que ce soit… » Si nous nous sommes permis de rappeler textuellement les paroles de M. Crawford, c'est qu'elles nous ont paru résumer d'une façon parfaite les avantages et les inconvénients des deux systèmes d'Auburn et de Philadelphie.

Quant au principal reproche adressé au système cellulaire du jour et de nuit, à savoir qu'il altérait la santé des prisonniers et conduisait à la folie et au suicide, il suffira, pour faire cesser toute équivoque, de citer un passage d'un rapport présenté en 1839 par une commission de cinq membres au nom de l'Académie de médecine de Paris. Il s'agissait d'examiner l'ouvrage de M. Moreau-Christophe, inspecteur général des prisons de France : « De la mortalité et de la folie dans le système pénitentiaire. » La commission, qui n'avait à examiner la question qu'au point de vue sanitaire, ne put s'empêcher de donner son avis sur le mérite général du système. Voici les conclusions de ce remarquable rapport : « Si la Commission avait à exprimer son opinion sur la préférence à accorder à un système pénitentiaire, elle n'hésiterait pas à se prononcer pour le système de Philadelphie comme le plus favorable à la réforme. La Commission, n'ayant à se prononcer que sur la question sanitaire, est convaincue que le système de Philadelphie, c'est-à-dire la réclusion solitaire et continue de jour et de nuit avec travail, conversation avec les chefs et les inspecteurs, n'abrège pas la vie des prisonniers et ne compromet pas leur raison. »

Enfin, s'il était besoin d'autres arguments pour démontrer le mérite du système cellulaire, quel argument plus concluant que celui fourni par les intéressés eux-mêmes. L'expérience a été tentée. En 1844, 315 convicts, qui avaient été soumis au système cellulaire, allaient être embarqués pour les colonies pénales. M. Russel, inspecteur général des prisons de la Grande-Bretagne, eut l'idée de connaître leur opinion sur ce régime et leur demanda de relater leurs impressions par écrit. Quelques-uns hésitant, on leur promit de ne lire leur réponse qu'après leur départ, avec cette garantie que l'opinion exprimée ne préjudicierait en rien à leur situation dans les colonies. Plus de 300 répondirent à l'appel ; tous furent unanimes à reconnaître l'excellence du système dont ils venaient de subir l'application.

DE LA TRANSPORTATION.

Après avoir examiné le mérite de l'emprisonnement cellulaire au double point de vue de la répression et de la moralisation du condamné, nous avons maintenant à traiter de la transportation, à rechercher en quoi elle consiste, enfin à examiner si elle présente les mêmes avantages que le régime de la cellule.

De bons esprits préconisent le système de la transportation. Persuadés que la réforme morale du criminel est impossible, que sa présence dans la société présente un grave danger pour la sécurité publique, que le système cellulaire est insuffisant, surtout lorsqu'il

s'agit de reclasser les libérés, ils voudraient débarrasser le sol de la mère patrie de tous les malfaiteurs.

La transportation consiste donc à envoyer dans des colonies lointaines les malfaiteurs qui forment aujourd'hui
un État dans l'État. Ce n'est pas là une peine inventée
par le génie moderne. Les peuples anciens la connais-
saient et en faisaient même un fréquent usage. Elle était
en grand honneur à Rome, où elle se présentait sous
différents aspects, tels que l'aquæ et ignis interdictio, la
deportatio. Au xviiie siècle le financier Law essaya de
fonder dans le Mississipi une colonie qu'il devait peu-
pler de malfaiteurs et de filles publiques ; l'entreprise
mal dirigée échoua pitoyablement. A l'Angleterre revient l'honneur d'avoir, la première parmi les peuples
modernes, inscrit la transportation parmi les modes
d'exécution des peines.

De nos jours l'opinion publique semble favorable à
la transportation. Des écrivains, des économistes, des
criminalistes se prononcent nettement en faveur de cette
idée qu'il faut séparer d'une façon absolue et définitive
les corrompus, les incorrigibles de ceux pour qui il
reste quelque espoir de repentir et de réhabilitation. Là
serait le salut social.

Envisageons la question sans parti pris, allons au
fond des choses, et voyons si ce remède en apparence
si simple, si facile à réaliser, peut produire de bons
résultats.

Cette question de la transportation des criminels,
comme une des formes du châtiment, se présente de
même que la plupart des problèmes de législation sous

deux points de vue : il s'agit de la juger en principe, abstraction faite des expériences plus ou moins complètes qui ont pu être faites de l'application de cette peine ou d'exprimer une opinion sur les résultats obtenus par la pratique. C'est à ce premier point de vue que nous nous placerons, recherchant surtout si cette peine est suffisamment répressive et moralisatrice et passant rapidement sur les côtés politique et économique de la question.

Le système de la transportation est avantageux, disent ses partisans, pour le condamné, pour la métropole et pour la colonie.

Intérêt du condamné : la transportation offre au condamné les moyens de revenir au bien. Il travaille au grand air, se livre en général à un travail agricole, et jamais personne n'a contesté l'excellence du travail agricole pour ramener le coupable aux sentiments honnêtes. La libération provisoire, s'il la mérite, le met à même de se préparer à la liberté, de se créer un petit établissement, d'y faire venir sa famille ou d'y former une famille nouvelle, de trouver dans le travail industriel les ressources qu'il ne voudrait pas demander au travail agricole. Le gros problème est le reclassement des libérés dans la société. Sur le continent, c'est là une chose sinon impossible, du moins entourée de difficultés ; les juges condamnent pour un temps, la société pour toujours. Là-bas dans la colonie, avec du courage et de la conduite, le libéré pourra facilement se créer une situation convenable. Ce qui le prouve, c'est le rapport officiel publié en 1878 par le département de la marine sur les résultats obtenus en Nouvelle-Calédonie, dont j'extrais le passage suivant : Un fait digne de remarque, c'est que les libérés ne sont pas un objet de réprobation. Au contraire leur travail est apprécié et ils sont réclamés avec instance par la population de la colonie. Leur travail est tellement demandé, écrit le gouverneur, qu'ils trouvent tous à s'engager très vite lorsque finit leur peine ; souvent ils sont retenus longtemps à l'avance. Leur placement à Nouméa même serait immédiat, si la prudence n'exigeait pas que leur nombre y fût limité. »

Intérêt de la métropole : La peine est avant tout un acte de légitime défense sociale ; elle a pour but principal de mettre le malfaiteur hors d'état de nuire aux honnêtes gens. A ce point de vue la transportation est un excellent moyen de défense, puisqu'en éloignant à tout jamais les plus dangereux malfaiteurs du sol de la patrie, elle les empêche absolument d'y commettre de nouveaux méfaits. La transportation est en quelque sorte, comme l'a dit un de nos éminents maitres, professeur à la Faculté de Paris, un drainage des éléments dangereux, un nettoyage du continent.

Intérêt de la colonie : Ce système permet de fonder des colonies lointaines. L'Australie est née par la colonisation pénale et a grandi par la colonisation libre.

Nous allons essayer de répondre aux partisans de la transportation en ce qui concerne le côté politique et économique de la question, mais nous nous demanderons surtout si cette peine répond à toutes les conditions d'une bonne justice pénale.

1° On peut reprocher à la transportation d'être horriblement coûteuse. Ainsi des documents officiels constatent que pendant les années 1828 et 1829 chaque détenu envoyé en Australie a coûté à l'État pour frais de transport, environ 555 francs (20 livres sterling) (1). Ce fait a son importance, cependant nous comprendrions qu'une grande nation s'imposât certains sacrifices, si ce régime devait diminuer le nombre des récidives et fournir la sécurité à la mère patrie. 2° En transportant les condamnés, vous sacrifiez la colonie pénale. On pourrait appliquer ici les paroles bien connues de MM. Beaumont et Tocqueville : « Nous protestons de toutes nos forces contre ces doctrines immorales qui, pour vous délivrer d'un péril, vous font adopter un moyen évidemment malhonnête. Nous n'accepterons jamais les maximes iniques de cette politique égoïste, qui peut se traduire en ces termes : il est vrai que nous faisons mal, nous violons toutes les lois de la morale et de la justice ; mais ce mal, cette iniquité nous profitent. » 3° Cette peine est fort inégale. Elle punit en raison inverse de l'immoralité du condamné : elle n'a rien de redoutable pour celui que rien ne retient dans la métropole, pour celui qui n'éprouve ni affection de patrie, ni affection de famille ; elle est trop sévère au contraire pour celui qui n'a point de pareils sentiments, notamment pour l'habitant des campagnes.

Le plus grave reproche qu'on puisse lui adresser,

____

(1) Documents législatifs envoyés par le Parlement britannique, vol. XXIII, p. 20.

c'est de n'intimider ni de moraliser le condamné. Nous allons essayer de le démontrer.

La transportation est une des questions qui ont eu le privilège de passionner le plus profondément le peuple anglais. Cet engouement n'était pas général. Bentham, l'éminent publiciste, avertissait ses compatriotes des graves conséquences qui pouvaient résulter de l'adoption précipitée d'un pareil système. Et en effet cette peine n'a pas un caractère suffisamment répressif. Elle n'intimide pas, mais enhardit plusieurs dans la voie du crime en faisant briller à leurs yeux des avantages sérieux. Pour beaucoup de criminels la transportation n'est guère autre chose qu'une émigration dans une île lointaine, entreprise aux frais de l'Etat. Un voyage aventureux et gratuit dans un nouveau pays, il n'y a rien là qui puisse leur déplaire. Dans la colonie pénale, ils pourront avec de la conduite et du travail arriver à se créer une position qu'ils n'auraient jamais pu espérer occuper dans la mère patrie. Ce qui prouve bien que la crainte de la transportation n'est pas sérieuse, c'est le rapport présenté par M. Biggo à lord Bathurst. « Les transportés en Australie, dit ce rapport, ne cherchent pas à s'évader. La faculté qu'on trouve dans ce pays à subsister, par la chance de gain qu'on y rencontre, et l'aisance des mœurs qui y règne, ce sont là de sérieux attraits pour les condamnés. » Comment qualifier une peine à laquelle le condamné craint de se soustraire? Est-il besoin de fournir des chiffres? Les statistiques criminelles de l'Angleterre sont là pour nous prouver combien la peine de la transportation intimide peu les criminels. En 1805 le nombre des condamnés pour crimes en Angleterre, sans compter l'Irlande et l'Ecosse, était de 2,783; en 1850 ce chiffre s'élève à 21,001. C'est là un accroissement d'autant plus effrayant que nous avons choisi la période où la transportation était dans son plein développement. En moins de douze ans le nombre des transportés avait presque triplé : au lieu de 2,380 transportés en 1839, l'année 1851 en donne 6,191.

Le rapport présenté au Congrès de Londres en 1872 sur l'administration des prisons de France et l'enquête anglaise de 1863 ont établi d'une manière tout à fait évidente que la peine de la transportation n'était nullement intimidante.

Quant à la réforme morale du condamné, le système de la transportation ne saurait produire aucun bon résultat. Sans doute le travail agricole et en plein champ est plus moralisateur que le travail dans les ateliers, mais le contact permanent des condamnés enlève tout espoir de régénération. Une colonie pénitentiaire n'est point une école de morale, disait la Cour d'appel de Paris, lors de l'enquête pénitentiaire de 1872. Et en effet les inconvénients que nous avons signalés à propos de l'emprisonnement en commun se présentent les mêmes. La séparation des condamnés par catégories n'est pas davantage possible. Toute classification est sujette à critique, quelle que soit la base sur laquelle vous vouliez l'établir, nature du délit, durée de la peine,

(1) Rapport présenté au Congrès de Londres par l'amiral Rigault de Genouilly.

ou antécédents judiciaires. Aussi, en 1832, une commission du parlement britannique, chargée d'examiner quels étaient les meilleurs moyens de rendre efficace l'application des peines autres que la peine de mort, déclarait que la transportation, réduite à elle-même, ne suffisait pas pour détourner du crime. Enfin, tout récemment, un congrès pénitentiaire international, réuni à Stockolm au mois d'août 1878, votait la proposition suivante : « La peine de la transportation présente des difficultés qui ne permettent pas de l'adopter dans tous les pays, ni d'espérer qu'elle y réalise toutes les conditions d'une bonne justice. »

Voyons s'il ne serait pas possible de faire en sorte que la transportation réalisât le but que se propose le législateur en édictant une peine : intimider et moraliser.

Tout d'abord la transportation ne se conçoit qu'établie d'une façon perpétuelle. Vous voulez débarrasser la métropole de tous les criminels qui sont pour la société une source permanente de danger ; soit, mais alors pourquoi laisser revenir, après dix ou douze ans passés dans la colonie, les mêmes individus que vous avez jugé prudent d'expulser. Croyez-vous que le voyage et le séjour qu'ils ont fait sur un continent situé au-delà des mers en compagnie d'autres criminels les aient beaucoup moralisés ? Croyez-vous qu'ils reviennent dans la mère patrie meilleurs, repentants, corrigés, et avec l'intention d'abandonner la voie du crime ? Erreur. Ils n'ont rien gagné en moralité. Plaise à Dieu que le séjour

dans la colonie pénale ne les ait pas corrompus davantage!

Quel est le motif qui empêche la plupart des partisans
de cette politique du débarras, comme on l'a appelée,
d'admettre la transportation perpétuelle? C'est qu'ainsi
comprise, cette peine serait entièrement disproportion-
née avec la nature de certains crimes. N'admettre que
la transportation perpétuelle, c'est supprimer du même
coup toute différence et toute gradation dans la nature
et la durée de la peine, c'est frapper d'une manière semblable des coupables essentiellement différents. On ne
peut assurément placer sur la même ligne l'individu
condamné à une prison perpétuelle et celui que la loi ne
destine qu'à une détention de cinq ans. Tous deux cependant devront aller finir leurs jours loin de la famille
et de la patrie. Pour l'un la déportation sera un adou-
cissement à sa peine; pour l'autre une aggravation
énorme. Et dans cette nouvelle échelle pénale le moins
coupable sera le plus sévèrement puni.

En établissant des colonies pénales, on veut atteindre un but : débarrasser la métropole de tous les éléments mauvais. Il faut être logique, et enlever au condamné tout espoir de retour au sein de la mère patrie.

Enfin, si l'on veut inscrire la transportation au nombre des peines, il faut la rendre plus répressive, la
combiner par exemple avec le système cellulaire.

Édictez la transportation perpétuelle, faites-la précé-
der d'un long et sévère emprisonnement, employez-la
seulement contre les grands criminels et les récidivistes,
ennemis irréconciliables de la société, et tous les incon-

vénients qu'elle présente, si elle est infligée seule, disparaissent ou deviennent peu sensibles. Dans ces conditions elle présente même des avantages sur l'emprisonnement cellulaire : elle délivre radicalement le pays d'un dangereux élément de désordre et place le condamné dans une situation nouvelle qui lui permet de mettre à profit l'enseignement que l'emprisonnement lui a donné.

Si notre expérience ne nous imposait une certaine réserve, nous recommanderions au législateur le système irlandais comme le meilleur et le plus propre à faciliter la réforme du condamné et son reclassement dans la société. Imaginé par sir Walter Crofton, il a reçu sa première application en Irlande; de là son nom de système de l'école irlandaise.

Il peut être employé seul ou combiné avec la transportation. Il a non seulement le précieux avantage d'intimider fortement le détenu et de le moraliser, il s'occupe aussi de le reclasser dans la société. Quand on s'occupe de la réforme des condamnés, on doit avoir un double objectif en vue : 1° Comment peut-on moraliser le condamné? 2° Comment peut-il se reclasser dans la société? Le vrai problème est de savoir ce que fera le prisonnier quand il aura subi sa peine. Comment voulez-vous qu'un criminel qui passe subitement d'un état de surveillance et de captivité à une liberté illimitée ne soit pas exposé à une rechute? Les statistiques criminelles démontrent que les années les plus rapprochées de la libération sont précisément les plus fécondes en crimes nouveaux. Les causes qui engendrent ces rechutes sont : 1° le défaut de travail; 2° la répulsion qu'inspirent les libérés, à raison de l'état d'incorrigibilité et des mauvaises dispositions qu'on leur suppose; 3° la misère, conséquence du défaut de travail; 4° enfin, leur mauvaise conduite, résultat combiné des causes qui précèdent, ainsi que du défaut de surveillance et d'intimidation.

Le système irlandais remédie à tous ces inconvénients. Il y a trois phases distinctes dans la captivité : 1° En arrivant l'individu est mis en prison pendant neuf mois. 2° Ce laps de temps expiré, s'il s'est bien conduit, il entre dans un atelier de travail, dépendant de la prison : là par son assiduité au travail, par sa bonne conduite il peut obtenir des bons points (good marks). Lorsqu'il en a obtenu un certain nombre, on lui donne sa libération provisoire (ticket of leave, billet de sortie). 3° Le condamné est en liberté provisoire. Mais que faut-il entendre par libération provisoire? C'est le droit confié par la loi à l'administration, sur l'avis préalable de l'autorité judiciaire, de mettre en liberté provisoire, après un temps suffisant d'expiation et moyennant certaines conditions, le condamné complètement amendé, sauf à le réintégrer dans la prison à la moindre plainte fondée. Dans cette dernière période il peut travailler au dehors; s'il ne trouve pas de travail, l'administration lui fournira dans un établissement intermédiaire la nourriture et le coucher.

Ce système est le meilleur sous tous les rapports.

Combiné avec la transportation, il la rend suffisamment répressive et moralisatrice : tous les inconvénients disparaissent, l'avantage de débarrasser la métropole de tous les malfaiteurs subsiste.

Employez-le seul, toutes les objections que l'on fait contre le système cellulaire disparaissent. Ce régime n'est pas barbare, inhumain, il ne saurait altérer la santé ni la raison du prisonnier, il est suffisamment répressif et moralisateur, et présente sur le système cellulaire employé seul un immense avantage, c'est de faciliter le reclassement des libérés dans la société.

ÉTAT DE LA QUESTION EN FRANCE.

Nous venons d'étudier et de comparer l'emprisonnement cellulaire et la transportation au point de vue rationnel, il nous reste à connaître l'état de la question en France, à rechercher comment et dans quelle mesure sont appliqués les deux systèmes. Cette étude faite, nous indiquerons les réformes nécessaires pour obtenir un bon système pénal.

DE LA TRANSPORTATION.

C'est le financier Law qui, le premier en France, essaya de fonder une colonie au Mississipi, en la peuplant de malfaiteurs et de filles publiques. L'essai ne fut pas heureux. Nous voyons réapparaître le principe de la transportation dans le Code pénal de 1791, et dans la loi du 24 vendémiaire an II. Le Code de 1810 n'a pas admis la transportation : les grands criminels subissaient la peine des travaux forcés à perpétuité ou à temps. Cette pénalité avait son origine dans l'ancienne peine des galères; le nom de forçats vient de ce que le travail y était obligatoire.

D'après l'article 15 du Code pénal les condamnés aux travaux forcés étaient soumis aux travaux les plus pénibles; ils étaient répartis dans trois bagnes : Brest, Rochefort et Toulon. Les femmes condamnées aux travaux forcés étaient employées dans l'intérieur d'une maison de force. La peine des travaux forcés se changeait alors en une réclusion de fait, mais cette réclusion pouvait être perpétuelle. Dès 1828 on avait critiqué l'existence et le régime des bagnes; c'étaient de véritables foyers de corruption. Le ministre de la marine déclarait, dans le rapport sur lequel a été rendu l'ordonnance du 20 août 1828 et dont nous allons avoir à nous occuper, qu'il regardait les bagnes comme un foyer de corruption dangereux pour la société, parce qu'ils entraînaient nécessairement la dépravation absolue du condamné qui n'était pas absolument perverti en y entrant. En vain une ordonnance du 20 août 1828 avait essayé de séparer les forçats par catégories. Cette division ne produisit aucun effet salutaire. Elle était mauvaise du reste, car l'immoralité du condamné n'est pas toujours en raison directe de la peine. Nous avons reconnu qu'il n'y avait rien à faire sous ce rapport, que toute classification était défectueuse.

C'est pour répondre à ce danger que le décret du 27 mars–18 avril 1852 et la loi du 30 mai 1854 ont fait de profondes modifications à la législation. La loi du

30 mai 1854 a eu pour but de régulariser, au point de vue législatif, les mesures prises simplement en vertu de ce décret. Cette loi a supprimé les bagnes pour établir la transportation. Ce n'est pas une nouvelle peine, mais un nouveau mode d'organisation des travaux forcés.

Avant le décret de 1852, un décret du 8 décembre 1851 avait ordonné la transportation à Cayenne ou en Algérie, pour cinq ans au moins et dix ans au plus, de tous les individus en rupture de ban, et des membres de sociétés secrètes.

La nouvelle loi a eu trois buts : 1° trouver un nouveau moyen d'exécution pour la peine des travaux forcés; 2° débarrasser le territoire continental de la France et de l'Algérie des forçats libérés; 3° coloniser par les forçats une ou plusieurs possessions hors de France.

Premier but. — Les bagnes sont supprimés et remplacés par des établissements hors de France et d'Algérie. On avait choisi la Guyane française, dont le chef-lieu est Cayenne un décret du 2 septembre 1863; autorise la création à la Nouvelle-Calédonie d'établissements pour l'exécution de la peine des travaux forcés. Les condamnés ne seront pas enchaînés et ne porteront pas le boulet, sauf à titre de mesure disciplinaire. D'après l'article 4 de la nouvelle loi qui modifie l'article 16 du Code pénal, les femmes condamnées aux travaux forcés pourront être conduites dans un des établissements créés aux colonies: elles seront séparées des hommes et employées à des travaux en rapport avec leur âge et leur sexe. L'article 16 du Code pénal ne

sera plus applicable qu'aux femmes que le gouvernement ne jugera pas à propos de transporter. La loi
nouvelle a enfin aboli l'ancien article 72. Tout individu
de soixante-dix ans était envoyé dans une maison de
force. Aujourd'hui, d'après l'article 5 de la loi du
30 mai 1854, on ne peut plus transporter le vieillard
dès qu'il a atteint l'âge de soixante ans accomplis
au moment du jugement, mais s'il a été transporté
avant l'âge de soixante ans il ne peut plus réclamer la
transformation de sa peine. Les articles 7, 8, 9 et 10
édictent contre les condamnés qui s'évadent des peines
très bien graduées.

Deuxième but. — Ce n'est pas pendant l'exécution
de leur peine que les forçats sont dangereux pour la
société; c'est surtout après leur libération qu'ils le deviennent, soit à raison de la difficulté qu'ils éprouvent
à se procurer du travail et des moyens de gagner hon-
nêtement leur vie, soit à raison des déplorables habitudes auxquelles ils sont si enclins à s'abandonner de
nouveau. Aussi l'article 6 de la loi de 1854 décide-t-il
qu'à l'expiration de leur peine les libérés continuent à
résider dans la colonie. Si la condamnation est inférieure à huit ans, le libéré restera dans la colonie un
temps égal à la durée de la peine. Si la peine est de
huit années et au delà, il sera forcé de rester toute sa
vie dans la colonie. On a voulu délivrer la mère patrie
du retour des forçats libérés. On ne peut pas se dissi-
muler que cet article 6 aggrave considérablement la
peine. Aussi vous verrez très souvent les magistrats

de la Cour d'assises ne condamner qu'à sept ans de travaux forcés. Il s'en est suivi un changement dans la pénalité : vous trouverez aujourd'hui des condamnés ou à sept ans ou à vingt ans. Cette disposition de la loi a supprimé en fait cette latitude de cinq à vingt ans.

Cette loi avait un effet rétroactif; heureusement dans son dernier paragraphe elle déclare que cet article 6 ne sera pas applicable aux condamnations antérieurement prononcées et aux crimes antérieurement commis.

Troisième but. — Quelles mesures ont été prises pour coloniser le pays et corriger les condamnés?

On a établi le travail forcé du condamné. Un auteur, M. Ortolan, a très vivement contesté le droit que prétend avoir la société d'imposer le travail comme peine. Le travail est ce qu'il y a de plus noble dans l'humanité, il ne saurait être un châtiment. Il est facile de répondre que la société a le droit et même le devoir de moraliser le coupable, or le travail forcé est le meilleur moyen de l'enlever peu à peu à ses habitudes mauvaises. Le travail est enfin une consolation pour le condamné. Mais le législateur de 1854 veut faire des libérés des agents de colonisation : pour arriver à ce but, il leur permet de travailler librement pour les habitants de la colonie et cherche à les attacher au sol en leur faisant des concessions de terrain provisoires qui deviendront définitives au moment de leur libération. Il y a là une série de dispositions qui doivent engager les condamnés à se bien conduire. Enfin, afin de leur permettre de contracter, l'État peut leur rendre l'exercice de quelques-uns des droits dont ils sont privés par l'interdiction légale.

Le système de la transportation, tel qu'il est organisé aujourd'hui en France, peut être critiqué à divers points de vue:

1° La transportation n'est pas toujours perpétuelle. La loi de 1854 a en effet décidé que les condamnés aux travaux forcés à temps ou à perpétuité subiraient désormais leur peine dans un établissement pénitentiaire créé dans une des colonies françaises; que les condamnés à moins de huit années de travaux forcés y feraient, après l'expiration de leur peine, un séjour d'une durée égale à celle de cette peine; que les condamnés à plus de huit années ne pourraient jamais revenir dans la métropole. Cette distinction manque le but que le législateur s'est proposé d'atteindre : débarrasser la société de la présence du coupable. Le libéré, de retour dans la patrie, commettra facilement de nouveaux crimes; la transportation n'a eu aucune influence moralisatrice, en outre elle n'intimide pas, elle n'est pas assez répressive pour qu'il craigne d'y retourner. Nous avons vu d'autre part que cette peine, établie d'une façon perpétuelle, était sujette à de nombreuses critiques.

2° Elle ne s'applique pas aux récidivistes. S'il est indispensable de séparer absolument, définitivement, certains malfaiteurs de la société, ce sont les récidivistes qui sont pour elle des ennemis irréconciliables. D'après l'enquête pénitentiaire faite en France en 1872, les Cours d'appel se sont à l'unanimité prononcées pour la transportation des condamnés aux travaux forcés; et la majorité même a conclu à ce que la mesure fût étendue aux récidivistes. Il faut bien le reconnaître, la société, avec son déplorable système de surveillance de la haute police, ne laisse aujourd'hui aux libérés d'autre moyen de vivre que le crime à outrance. La transportation des récidivistes dangereux présenterait en outre un avantage : ce serait de permettre à la charité privée de s'occuper des libérés pour lesquels il reste quelque espoir de réhabilitation; et en séparant à tout jamais les plus corrompus, les plus dangereux, ce serait rendre possibles, efficaces et puissantes les œuvres si essentielles de patronage.

3° Elle n'est pas suffisamment répressive. La loi de 1854, quel que soit le jugement que l'on porte sur elle, a réalisé un progrès immense; elle a fait disparaître cette horrible institution du bagne; elle a retiré de nos ports cette foule de misérables forçats, voués aux mauvais traitements, à la démoralisation, à l'opprobre, au crime : il existe une énorme différence entre la peine du bagne et celle de la transportation. Or, lorsque les bagnes existaient encore, presque tous les condamnés préféraient le régime des bagnes à celui des maisons de réclusion, parce qu'ils travaillaient en plein air et avaient plus de liberté; à plus forte raison le régime de la transportation plus doux, plus humain, doit leur plaire davantage. Aussi a-t-on vu assez fréquemment en France des détenus commettre des crimes dans l'intérieur des maisons centrales dans le seul but

d'être envoyés à Cayenne ou à la Nouvelle-Calédonie ;
on a été obligé de décider que les crimes commis en
vue d'obtenir la transportation seraient expiés dans
les maisons centrales. Nous avons vu quelles modifications seraient nécessaires pour rendre le régime de la
transportation plus répressif, plus intimidant : il faudrait le combiner avec l'emprisonnement cellulaire. Il
est essentiel en effet que la peine de la transportation
reçoive une telle organisation, qu'elle soit incontesta-
blement, notoirement plus dure que la réclusion, même
dans sa durée maxima. La première condition que doit
remplir tout bon système pénal, c'est que la dureté des
peines soit proportionnelle à la gravité des condamnations.

4° Elle n'est pas suffisamment moralisatrice. Il faudrait pour que la transportation ait une influence bienfaisante sur la moralisation du condamné qu'on créât
diverses catégories et qu'on intéressât les détenus à
passer de l'une dans l'autre. Le système le plus avantageux sous ce rapport serait celui de l'école irlandaise.
Sans doute on ne peut nier que des progrès ont été réalisés en France, mais les mesures prises ne sont pas suffisantes. Un arrêté du gouverneur général de la Nouvelle-
Calédonie, en date du 25 janvier 1865, divise les transportés en quatre classes. La quatrième comprend les
transportés qui ont encouru un certain nombre de pu-
nitions. Le régime y est très dur et très redouté, mais
les différences entre les trois premières classes ne sont
pas suffisantes : ainsi la première classe reçoit un sa-

laire de vingt-cinq centimes, la deuxième de quinze centimes, la troisième ne touche rien.

Il nous reste à parler des condamnés politiques qui subissent la peine de la déportation simple ou de la déportation dans une enceinte fortifiée. A ce point de vue la transportation ne présente guère que des avantages, car elle débarrasse la métropole de la présence d'hommes dangereux pour la stabilité des institutions politiques; elle n'a pas besoin en effet d'être aussi répressive et aussi moralisatrice que s'il s'agissait de condamnés de droit commun. Le but que l'on se propose, c'est de les empêcher de nuire au gouvernement établi : en outre, il ne saurait être question de les moraliser, et je ne suppose pas que quelqu'un ait jamais songé à leur faire suivre un cours de politique pour corriger leurs fausses idées. Il ne faudrait cependant pas trop compter sur les condamnés politiques pour la colonisation, car ils ont tous au plus haut degré l'esprit de retour.

Condition des transportés depuis la loi de 1854.

Quelle est la situation faite aux déportés par la loi du 31 mai 1854.

Cette loi a supprimé la mort civile et l'a remplacée par trois incapacités : dégradation civique, interdiction légale, double incapacité de disposer ou de recevoir par donation ou par testament.

DÉGRADATION CIVIQUE.

C'est une peine accessoire ; elle est attachée aux peines perpétuelles (mort, travaux forcés à perpétuité, déportation) et à toutes les peines infamantes temporaires (travaux forcés à temps, détention, réclusion, emprisonnement).

L'article 34 du Code pénal énumère les effets de cette peine : elle consiste dans la privation de tous les droits civiques et politiques, et de certains droits de famille qui touchent à l'ordre public.

Cette peine est 1° indivisible, c'est-à-dire que le juge ne peut pas scinder les déchéances de droits prononcées par l'article 34. 2° Elle enlève le droit lui-même, c'est-à-dire qu'elle prive même de la jouissance du droit. 3° Elle est perpétuelle, c'est-à-dire qu'elle survit à la peine.

Quant à son point de départ, il faut distinguer suivant que le jugement est contradictoire ou par contumace.

En cas de jugement contradictoire, elle frappe le condamné du jour où la condamnation est devenue irrévocable.

Trois jours lui sont accordés pour se pourvoir en cassation ; après l'expiration de ce délai, l'arrêt de la Cour d'assises est irrévocable ; s'il se pourvoit, la dégradation civique est encourue du jour où le pourvoi sera rejeté. Des auteurs ont soutenu que, comme la dégradation civique avait remplacé la mort civile, elle devait être encourue du jour de l'exécution. L'article 2 de la loi de 1854 renvoie purement et simplement aux règles de la dégradation civique.

En cas de condamnation par contumace, la dégradation civique court du jour de l'exécution par effigie : on applique les règles ordinaires de la contumace.

La dégradation civique est perpétuelle, quand même la peine principale serait temporaire. Elle ne finit que par l'amnistie, la réhabilitation, ou la révision du procès : la grâce et la prescription de la peine la laissent subsister.

Quelle est sa valeur en législation ? 1° Elle est une peine fort inégale, comme toutes les déchéances de droits. 2° Elle accorde parfois des dispenses au lieu d'infliger un châtiment (dispense de servir dans l'armée, d'être tuteur). 3° Elle prononce des déchéances de droits qui n'ont aucun rapport avec le délit. Ainsi on déclare indigne de servir dans l'armée un fonctionnaire qui a commis un excès de pouvoir. 4° En défendant au dégradé civiquement d'être témoin, vous punissez non le dégradé, mais la personne qui a besoin de ce témoin. Sans doute il pourra venir donner des renseignements, mais la loi n'en a pas eu moins tort de ne pas exiger le serment.

Aucun de ces reproches ne serait mérité si la peine n'était pas indivisible ; aussi la loi a suivi un autre système en matière correctionnelle. Si le juge dans la dégradation civique avait le droit de séparer les diverses incapacités, tous les défauts de la dégradation civique s'effaceraient ; le juge appliquerait les déchéances qui seraient en rapport avec le crime commis.

INTERDICTION LÉGALE.

Cette interdiction est appelée légale par opposition à l'interdiction judiciaire qui est prononcée par la justice (art. 489 et suiv. du Code pénal).

Elle résulte des peines perpétuelles (art. 1, loi 1854) et des trois peines temporaires afflictives et infamantes. Elle n'enlève que l'exercice des droits ; sous ce rapport elle est moins sévère que la dégradation civique qui prive le condamné de la jouissance même du droit, mais d'autre part elle porte sur tous les droits civils tandis que la dégradation civique n'enlève que certains droits.

En prononçant l'interdiction légale, le législateur a voulu tout à la fois protéger et punir le condamné ; le protéger, car pendant sa peine il ne pourra pas administrer sa fortune (art. 30 Code pénal), le punir en l'empêchant d'adoucir son sort, aussi l'article 31 Code pénal défend-il de remettre à l'interdit ses revenus.

L'interdiction légale a deux effets : 1° créer un système d'administration ; 2° priver le condamné de l'exercice de certains droits.

1° Un tuteur doit être nommé à l'interdit (art. 30 Code pénal). Nous appliquerons les règles sur la tutelle de l'interdit judiciaire, sauf celles contraires à un texte formel (art. 31 Code pénal, par exemple) : ainsi nous ferons application de l'article 506 Code civil d'après lequel le mari est de droit le tuteur de sa femme interdite, et de l'article 511 Code civil qui permet au tuteur de constituer une dot à l'enfant de l'interdit. L'article 511 ne peut plus être appliqué quand l'interdiction légale résulte d'une des trois peines perpétuelles.

2° On prive le condamné de l'exercice de certains droits. Trois systèmes :

1ᵉʳ Système. — L'interdiction n'enlèverait l'exercice d'aucun droit, elle n'aurait pour but que de protéger, le condamné conserverait la capacité d'aliéner, de s'obliger (articles 29, 30, 31 Code pénal). On ne peut pas sous-entendre l'incapacité, a-t-on dit. Ce système est inadmissible. Comment le tuteur administrera-t-il, si le condamné conserve la disposition de sa fortune ? Où sera la peine ?

Deuxième système. — L'interdit légal doit être privé de l'exercice de tous les droits civils, il ne pourra ni se marier, ni reconnaître un enfant naturel, ni tester. Le Code renvoie, dit-on, à l'interdiction judiciaire.

Troisième système. — Il est contestable que l'interdit judiciaire ne puisse ni se marier, ni tester, ni reconnaître un enfant naturel ; quand cela serait, il faudrait encore repousser cette opinion pour l'interdit légal.

Les seuls actes que l'interdit légal ne pourra pas faire

sont ceux qui entraveraient l'administration du tuteur ou qui donneraient à l'interdit l'administration de sa fortune pendant sa vie. Il aura le droit de se marier, de tester, de reconnaitre un enfant naturel. Enlever ces droits au condamné, ce serait ajouter une rigueur inutile à la loi et lui enlever en réalité la jouissance de ces droits. La pratique s'est rangée à cette solution.

Si nous supposons que l'interdit légal a fait un acte défendu, il faudra décider que l'acte sera nul. En matière d'interdiction judiciaire il y a nullité relative, ici la nullité sera absolue, car autrement le but de la loi serait complétement manqué. Si l'interdit légal en traitant avec des tiers avait dissimulé son interdiction, il faudra décider que dans ce cas les tiers pourront demander seuls cette nullité.

Quant au point de départ de cette peine, l'art. 29 Code pénal décide qu'elle commence avec la peine principale et finit avec elle; elle produit ses effets du jour où la condamnation est devenue irrévocable.

La condamnation par contumace n'entrainera jamais l'interdiction légale, car la peine n'a jamais commencé. On a dit que que l'article 29 Code pénal ne distinguait pas et que ce système favorisait le rébellion. Les mots « pendant la durée de la peine » signifieraient seule- « ment ; » tant que la peine n'est pas prescrite. Ce système est inadmissible, car il détourne les mots de leur sens véritable ; en outre l'article 471 Code justice criminelle nous dit que les biens du contumace sont sous séquestre, tandis que les biens de l'interdit sont régis par un tuteur. Les actes faits par le contumace seront valables, mais ne pourront être exécutés que lorsque le séquestre aura cessé.

Dans le cas où l'interdiction légale a remplacé la mort civile, peut-on donner cette solution? Des auteurs soutiennent qu'il faut appliquer les principes de la mort civile : 1° que le point de départ doit être le jour de l'exécution réelle ou par effigie; 2° que l'interdiction légale doit être encourue même pendant la contumace, cinq ans après. L'article 2 de la loi de 1854 en prononçant l'interdiction légale renvoie à l'article 29 du Code pénal. En cas d'évasion, le condamné n'en restera pas moins frappé d'interdiction légale.

DOUBLE INCAPACITÉ DE DISPOSER ET DE RECEVOIR PAR DONATION ENTRE-VIFS OU PAR TESTAMENT. — Si la loi du 31 mai 1854 eût remplacé la mort civile par la dégradation civique et l'interdiction légale, il n'y aurait pas eu de différence entre les peines perpétuelles et les peines temporaires. Elle a ajouté cette incapacité en cas de condamnation à une peine perpétuelle (article 3, loi 1854).

Quelles sont les conséquences de cette incapacité? 1° Le condamné ne pourra disposer de ses biens par donation entre-vifs ou par testament ; 2° il ne pourra recevoir à ce titre si ce n'est pour cause d'aliments. Une partie de ces effets étaient déjà atteints par l'interdiction légale.

Pourquoi la loi de 1854 a-t-elle renouvelé cette incapacité de disposer entre-vifs ? C'est que l'article 3 de cette loi enlève la jouissance même, tandis que l'interdiction légale n'enlève que l'exercice du droit. Dans l'interdic-

tion légale on pourra appliquer l'article 511 Code civil;
cet article au contraire ne pourra pas s'appliquer quand
l'interdiction légale accompagne une peine perpétuelle,
à cause de l'incapacité portée par l'article 3 de la loi de
1854. C'est là une lacune regrettable dans notre droit.
En outre l'article 3 de la loi 1854 va plus loin que l'interdiction légale, puisqu'il défend de tester et de recevoir
par donation ou par testament. Quels sont donc les
droits qui restent au condamné à une peine perpétuelle ?

1° La propriété des biens qu'il avait au jour de sa condamnation ; 2° le droit d'en acquérir de nouveaux, soit
à titre onéreux soit par succession ab intestat ; 3° faculté de transmettre ses biens à ses héritiers ab intestat ; 4° faculté de contracter mariage, droits de puis-
sances maritale et paternelle, reconnaître un enfant
naturel.

La loi n'ayant rien dit en ce qui concerne le point de
départ de cette peine, il faut adopter les règles de la
mort civile. Cette déchéance non seulement remplace
la mort civile, mais elle a été prise parmi les déchéances
que comportait la mort civile. L'article 3 de la loi de
1853 fait application d'une des règles de la mort en cas
de contumace. Il faut distinguer : 1° Si la condamnation
est contradictoire, l'interdiction légale est encourue du
jour de l'exécution réelle ou par effigie ; 2° si la condamnation est par contumace, cette déchéance n'est encourue que cinq ans après l'exécution par effigie. Quid
si le contumax revient ? S'il revient dans les cinq premières années, la déchéance n'a pas été encourue ; s'il

revient après vingt ans, la contumace demeurant définitive, la déchéance subsistera. Quid de l'hypothèse où
le contumax revient entre cinq et vingt ans ? Dans un
premier système il faudrait appliquer les règles ordinaires de la contumace, la déchéance serait rétroacti-
vement éteinte. Une deuxième opinion appliquerait purement et simplement les règles de la mort civile, c'est-
à-dire que le retour du condamné tout en faisant tomber le jugement laisse subsister cette incapacité. Si le
jugement nouveau casse le premier, la contumace exis-
tera pour le passé.

Cette déchéance est perpétuelle, elle survit à la
peine, elle ne s'éteint que par l'amnistie, par la réhabilitation, et par la révision du procès.

DE L'EMPRISONNEMENT CELLULAIRE.

L'emprisonnement est, à coup sûr, la vraie base d'un
système pénitentiaire. Cette peine est aussi égale que
possible, parfaitement divisible, réparable dans une
certaine mesure, et la plus propre, si elle est bien ré-
glementée, à l'instruction et à la réformation des condamnés.

C'est là une peine d'origine récente en France. Avant
la Révolution la législation criminelle considérait la
prison comme un moyen inefficace et insuffisant de répression ; les femmes seules et les hommes que des in-

firmités rendaient incapables du service des galères y étaient, après condamnation, renfermés (1).

C'est l'Assemblée constituante qui, par les lois du 19 juillet, 25 septembre et 6 octobre 1791, fit de la prison la base, sinon unique, tout au moins principale de la répression. Les lois pénales qui se succédèrent ont consacré ce système, tout en modifiant les règles d'abord adoptées. Le Code de 1810, sous l'empire duquel nous vivons, en a fait la base principale de notre système pénal: la réclusion et la détention n'en sont que les formes les plus rigoureuses.

Cette peine de l'emprisonnement, bonne en elle-même, devient mauvaise par suite de l'application défectueuse qui en a été faite. L'emprisonnement, tel qu'il a été établi par le Code de 1810, et tel qu'il existe encore aujourd'hui dans la plupart de nos prisons, est un régime qui déprave le condamné au lieu de le corriger.

Dès 1808 le mal était signalé. Le gouvernement de la Restauration fut le premier qui s'occupa de ces misères. Deux ordonnances, l'une du 9 septembre 1814 prescrit la création à Paris d'une prison d'essai, l'autre du 9 avril 1819 crée une Société royale d'organisation des prisons. Des progrès incontestables ont été réalisés par le gouvernement, avec le concours de cette société, dans l'administration pénitentiaire. Près de trois millions ont été dépensés chaque année pendant onze ans, de 1810 à 1830, pour l'amélioration des prisons dépar-

____

(1) Pothier, Traité de la procédure criminelle, Dalloz, Paris. Desprez, De l'abolition de l'emprisonnement, p. 11.

tementales et des maisons centrales. Cette société est tombée avec le gouvernement qui l'avait créée.

Mais la faute énorme qu'a commise le gouvernement de la Restauration, c'est de ne s'être occupé que de l'organisation des maisons centrales de détention, consacrées aux condamnés à plus d'un an. Le système avait deux vices; 1° Le sort du grand criminel devenait meilleur que celui de l'individu condamné à une faible peine correctionnelle (de moins d'un an) et même du simple prévenu. 2° Au lieu de commencer par moraliser l'individu condamné à une peine correctionnelle qui n'avait pas perdu tout sentiment honnête, on s'adressait aux prisonniers des maisons centrales: or, il est très rare qu'un malfaiteur débute par un crime et subisse une longue peine; il y a gradation dans la vie de tous les malfaiteurs. Un homme est à sa première faute, tout n'est pas perdu, c'est alors qu'il faut essayer de le moraliser, et non pas lorsqu'il sera arrivé après plusieurs fautes à dix ou vingt ans de travaux forcés ou de réclusion. Le gouvernement de la Restauration ne trouva donc point le remède.

Enfin les mœurs elles-mêmes réagissant contre la loi, l'opinion publique s'émut, les publicistes parlèrent.

Le mouvement des esprits met en branle le gouvernement lui-même; de 1830 à 1848, les deux Chambres furent à diverses reprises saisies de la question des prisons, et une enquête vraiment sérieuse fut enfin commencée. On arriva après de longues études à proclamer la nécessité de l'emprisonnement individuel. La loi allait être votée, lorsque la révolution de 1848 survient et coupe court à tout projet de réforme. La république de 1848 manifeste aussi ses préférences pour le régime de la séparation complète des détenus, mais sa durée éphémère ne lui laisse pas le temps de réaliser aucun progrès. En 1853, il suffit d'une simple circulaire du ministre de l'intérieur, M. de Persigny, pour arrêter toute réforme. Le gouvernement impérial revient en 1860 aux anciennes idées et institue une commission pour étudier la question du patronage, mais la guerre franco-allemande éclate et toute idée de réforme est encore une fois ajournée. En 1873, lorsque les esprits ont repris possession d'eux-mêmes, le besoin de réformes se fait de nouveau sentir, le nombre des récidivistes augmente dans des proportions effrayantes. On avait bien pris certaines mesures utiles ; ainsi on avait établi dans les maisons centrales des quartiers de préservation et d'amendement, on avait fait des essais de pénitenciers agricoles, mais toutes ces réformes avaient été insuffisantes. Une enquête très approfondie fut ouverte et les membres de la Commission proposèrent à l'Assemblée nationale de transformer nos prisons et d'y introduire le système cellulaire.

Depuis la loi du 5 juin 1875, notre pays est en possession d'un principe nettement consacré : « Les inculpés, prévenus et accusés seront à l'avenir individuellement séparés pendant le jour et la nuit (art. 1). »

Pour parvenir à l'application du système de la séparation individuelle, le régime des prisons départementales, seules prisons que la loi ait eues en vue, quant à présent, devra être modifié par des appropriations ou reconstructions dirigées en vue de l'application de ce système (1).

(1) Texte de la loi sur le régime des prisons départementales (Bull. offic., 1875, 238, n° 4191).

Du régime des inculpés, prévenus et accusés.

Article premier. — Les inculpés, prévenus et accusés seront à l'avenir individuellement séparés pendant le jour et la nuit.

Art. 2. — Seront soumis à l'emprisonnement individuel les condamnés à un emprisonnement d'un an et un jour et au-dessous.

Ils subiront leur peine dans les maisons de correction départementales.

Art. 3. — Les condamnés à un emprisonnement de plus d'un an et un jour pourront, sur leur demande, être soumis au régime de l'emprisonnement individuel.

Ils seront, dans ce cas, maintenus dans les maisons de correction départementales jusqu'à l'expiration de leur peine, sauf décision contraire prise par l'administration sur l'avis de la commission de surveillance de la prison.

Art. 4. — La durée des peines subies sous le régime de l'emprisonnement individuel sera, de plein droit, réduite d'un quart.

La réduction ne s'opérera pas sur les peines de trois mois et au-dessous.

Elle ne profitera, dans le cas prévu par l'article 3, qu'aux condamnés ayant passé trois mois consécutifs dans l'isolement, et dans la proportion de temps qu'il y auront passé.

Art. 5. — Un règlement d'administration publique fixera les conditions d'organisation du travail et déterminera le régime intérieur des maisons consacrées à l'application de l'emprisonnement individuel.

Art. 6. — À l'avenir, la reconstruction ou l'appropriation des prisons départementales ne pourra avoir lieu qu'en vue de l'application du régime prescrit par la présente loi.

Les projets, plans et devis seront soumis à l'approbation du ministère de l'intérieur et les travaux seront exécutés sous son contrôle.

Art. 7. — Des subventions pourront être accordées par l'État,

La dépense de cette importante réforme sera suppor-
tée par les départements aidés de subventions de l'Etat,
déterminées d'après des considérations et une propor-
tionalité fixées par l'article 7.

Enfin, un conseil supérieur des prisons est institué,
près du ministère de l'intérieur, pour veiller à l'exécution de ces dispositions législatives.

Maintenant que nous connaissons la théorie du
système d'emprisonnement édicté par la législation
française, voyons si la pratique est conforme à la
théorie.

Le service des prisons comprend en France et en Algérie :

Les maisons d'arrêt ;

Les maisons de justice ;

Les dépôts de condamnés aux travaux forcés ;

suivant les ressources du budget, pour venir en aide aux départements dans les dépenses de reconstruction et d'appropriation.

Il sera tenu compte, dans leur fixation, de l'étendue des sacrifices
précédemment faits par eux pour leurs prisons, de la situation de
leurs finances et du produit du centime départemental.

Elles ne pourront, en aucun cas, dépasser la moitié de la dépense,
pour les départements dont le centime est inférieur à vingt mille
francs (20,000 francs) : le tiers, pour ceux dont le centime est supérieur à vingt mille francs (20,000 francs) mais inférieur à quarante
mille francs (40,000 francs) ; le quart, pour ceux dont le centime est
supérieur à quarante mille francs (40,000 francs).

Art. 8. — Le nouveau régime pénitentiaire sera appliqué au fur
et à mesure de la transformation des prisons.

Art. 9. — Un conseil supérieur des prisons, pris parmi les hommes
s'étant notoirement occupés des questions pénitentiaires, est institué
auprès du ministre de l'intérieur pour veiller, d'accord avec lui, à
l'exécution de la présente loi. Sa composition et ses attributions seront réglées par un décret du Président de la République.

Les maisons départementales de correction;

Les maisons centrales de correction;

Les maisons de force;

Les pénitenciers agricoles assimilés aux maisons centrales de force et de correction;

Les maisons de détention;

Les établissements d'éducation correctionnelle;

Les chambres et dépôts de sûreté.

Malheureusement les maisons d'arrêt, les maisons de justice et les maisons départementales de correction sont le plus souvent réunies dans la même enceinte.

Elles reçoivent : 1° les condamnés en simple police; 2° les condamnés à un emprisonnement correctionnel de moins d'un an; 3°.les condamnés criminels en transfert; 4° les détenus pour dette; 5° les mineurs détenus pour correction paternelle; 6° les détenus préventivement, c'est-à-dire des hommes peut-être innocents. C'est la violation formelle de l'article 604 du Code d'instruction criminelle qui voulait des maisons d'arrêt ou de justice distinctes. Il faut reconnaître que nous possédons quelque maisons affectées aux prévenus. De cette triple destination il résulte que nos maisons départementales reçoivent des noms divers : maisons de correction, d'arrêt ou de justice.

Les maisons centrales sont aussi appelées maisons de force. Il semblerait d'après l'article 21 du Code pénal qu'il dût y avoir là des établissements distincts ; il n'en est rien, la différence est plus dans la pensée de la loi que dans la réalité des choses. Nos maisons centrales n'ont pas en effet une destination unique. Elles sont :

1° maisons de force pour les réclusionnaires, 2° maisons de correction pour les condamnés correctionnels à plus d'un an, en vertu d'une ordonnance du 2 avril 1817 (1); 3° et 4° enfin elles renferment les femmes (art. 4 loi du 31 mai 1854) et les sexagénaires condamnés aux travaux forcés (art. 72 Code pénal).

Au 31 décembre 1877, il existait tant en France qu'en Algérie, indépendamment de 3,170 chambres ou dépôts de sûreté, 527 établissements pénitentiaires, savoir :

En France :

Maisons d'arrêt, de justice et de correction départementales	381
Dépôt de forçats	1
Maisons centrales de force et de correction	23
Maisons de détention	2
Etablissements d'éducation correctionnelle	65

En Algérie :

Maisons d'arrêt, de justice et de correction départementales	11
Prisons annexes établies près des justices de paix à compétence étendue et assimilées aux maisons d'arrêt et de correction	40
Maisons centrales	3
Etablissement de jeunes détenus	1
	527

(1) La loi de 1875 permet à ces condamnés de faire leur temps dans les prisons départementales où est organisé le système cellulaire ; ils obtiendront ainsi une réduction du quart de leur peine.

Nous allons nous occuper des maisons départementales et des maisons centrales qui sont les principaux établissements pénitentiaires de la France, à raison du grand nombre de détenus qui y sont renfermés ; nous étudierons leur régime actuel, nous nous demanderons si la loi de 1875 relative à l'emprisonnement individuel est appliquée dans les prisons départementales, enfin nous rechercherons quelles mesures peuvent être proposées pour arriver à l'amélioration morale du condamné.

DES MAISONS DÉPARTEMENTALES.

Les maisons départementales étaient au commencement du siècle la propriété de l'Etat. Et il y avait là une charge très onéreuse ; aussi Napoléon Iᵉʳ, en prince généreux, fit cadeau de ces établissements aux départements par un décret du 9 avril 1811. Ce changement produisit des résultats déplorables ; les départements ne voulurent pas faire les sacrifices nécessaires et entretinrent mal les prisonniers. En 1875, on comprit enfin la nécessité de revenir en partie sur le décret de 1811 : on distingua entre l'entretien des prisons et celui des prisonniers. Le département continue à être propriétaire de l'immeuble, l'Etat est chargé d'entretenir les prisonniers.

Il y a en France, avons-nous vu, environ 400 prisons départementales, organisées d'après trois systèmes :

180 où les prisonniers vivent en commun, 150 où l'on a organisé la séparation par quartiers, 70 où l'on a établi le régime cellulaire pour partie. Le régime de la séparation par quartiers a été recommandé par une circulaire de 1853 de M. de Persigny, alors ministre de l'intérieur. Dans ces prisons, lorsqu'il y a encombrement, on n'hésite pas à mettre dans la même cellule deux ou trois individus.

Les maisons d'arrêt, de justice et de correction départementales, ainsi que les chambres et dépôts de sûreté sont groupés en circonscriptions pénitentiaires composées d'un ou plusieurs départements, et dont chacune est administrée par un directeur tenu d'y faire au moins deux visites par an, et ayant sous ses ordres, dans les établissements les plus importants, un inspecteur, un greffier comptable et des commis.

Le personnel de surveillance comprend, dans les maisons d'arrêt, de justice et de correction, un gardien chef, un ou plusieurs premiers gardiens, des gardiens ordinaires, dont quelques-uns font l'office de commis-greffiers. Les femmes sont surveillées par des personnes de leur sexe, religieuses ou laïques.

Quels sont les moyens d'amendement dont on dispose dans les maisons départementales ?

1° TRAVAIL. — Aux termes de l'article 40 du Code pénal, le travail est obligatoire, seulement les détenus ont le choix du travail ; il est naturellement limité à ceux des travaux qui sont organisés. Le produit du travail se répartit ainsi : un tiers pour la maison, un tiers est remis de suite au détenu, un tiers constitue un petit pécule qui lui sera remis le jour de sa sortie. En fait, le travail n'est pas organisé d'une façon sérieuse ; on peut dire, sans crainte d'être taxé d'exagération, qu'on ne travaille pas beaucoup dans les prisons départementales. Les condamnés qui réclament une occupation ne peuvent pas toujours l'obtenir. Sans doute il est difficile et souvent peu lucratif d'organiser le travail avec cette population flottante, sans cesse renouvelée des maisons d'arrêt. Il n'y a pourtant là rien d'impossible. Au lieu de vouloir créer des ateliers productifs, on devrait se préoccuper un peu plus de la situation morale des détenus. Il existe plus de soixante occupations qui peuvent être introduites, et qui ne supposent ni n'exigent aucun apprentissage. C'est le plus souvent le système de l'entreprise qui empêche qu'une occupation soit procurée au détenu ; espérons que nous le verrons bientôt disparaître de nos prisons. Aussi longtemps que cette réforme ne sera pas accomplie, les questions pécuniaires l'emporteront toujours sur les questions morales.

Avant d'établir le système cellulaire, il faut songer à organiser le travail qui est le moyen le plus propre à ramener le détenu dans la bonne voie ; la cellule sans le travail est un véritable supplice. C'est ce qu'a parfaitement compris M. le ministre de l'intérieur dans sa circulaire du 20 septembre 1877, lorsqu'il recommande aux préfets de veiller à ce que du travail soit procuré aux détenus placés en cellule. « Je n'ignore pas, dit le ministre, les difficultés que peut rencontrer l'organisation du travail en cellule, surtout dans des locaux qui n'ont pas été disposés suivant les données les plus récentes de l'architecture pénitentiaire, et dont le personnel n'est pas spécialement formé en vue des besoins du régime nouveau. Les industries qui comportent la coopération de plusieurs ouvriers en sont exclues, ainsi que celles qui exigent un grand espace; l'apprentissage, auquel ne peuvent contribuer que des agents libres, est plus compliqué et plus lent; il en est de même de la distribution des matières premières et des produits fabriqués. Mais ces obstacles ne sont pas insurmontables. »

Les travaux susceptibles d'être exécutés en cellule sont encore assez nombreux, et parmi ceux-ci, il est possible d'en trouver qui ne réclament qu'un apprentissage très simple et de courte durée. J'ajouterai qu'on doit toujours s'efforcer d'appliquer les condamnés aux travaux auxquels ils s'adonnaient dans la vie libre, et cette observation vise particulièrement les prisons départementales, où bien souvent des patrons habitant la ville consentiraient à fournir du travail à leurs anciens ouvriers, si l'administration et l'entreprise leur en facilitaient les moyens.

2° En ce qui concerne le régime moral et intellectuel, on a essayé d'organiser l'enseignement primaire dans les prisons départementales; on a échoué dans cette entreprise pour deux raisons : 1° les détenus y séjournent trop peu de temps; 2° ils sont inégalement préparés. A Paris, ce sont quelques prisonniers ou gardiens qui sont chargés de l'instruction primaire. Il faut reconnaître que de grandes dépenses ont été faites pour le développement des bibliothèques pénitentiaires, que des facilités de correspondance avec les familles ont été accordées. Quant à l'enseignement religieux, il peut être considéré comme presque nul : un seul aumônier par prison ne peut suffire à cette tâche difficile et ingrate. L'administration fait cependant les plus louables efforts pour organiser des conférences morales, religieuses et instructives ; dans ce but, elle a fait appel aux aumôniers, aux sœurs et fonctionnaires ou employés.

Mais que devient la loi de 1875 qui établit le système cellulaire dans les prisons départementales ? A-t-elle au moins reçu un commencement d'exécution ? Ce qui s'oppose aujourd'hui à l'application de la loi de 1875, c'est que le gouvernement s'est montré trop parcimonieux de ses deniers dans une question de la solution de laquelle peut dépendre le salut de la société. M. Béranger faisant remarquer avec raison, je crois, que la justice est une dette de l'État, proposait à l'Assemblée nationale de revenir sur le décret de 1811 et de demander une subvention aux départements. Le projet fut repoussé grâce à l'opposition de M. le ministre des finances qui, toujours soucieux des intérêts des contribuables, refusa d'augmenter dans le budget les crédits affectés aux prisons. Les frais de la transformation en cellules furent mis à la charge des départements. Nous regrettons vivement que le projet de M. Béranger n'ait pas été adopté, il eût simplifié les choses, mais ce n'est pas une raison pour rester dans l'inaction et ne pas appliquer la loi. Nous sommes heureux de constater les déclarations faites par le ministre, sur l'interpellation de M. Béranger, tant en son nom personnel qu'au nom de l'administration. « En ce qui concerne l'utilité de la réforme, le bien social qui doit en résulter, toutes les conséquences heureuses de la loi de 1875, je suis entièrement d'accord avec l'honorable M. Béranger sur tous ces points. Puisqu'il désire en recevoir de cette tribune l'assurance, je puis lui affirmer que je ferai pour mon compte tous mes efforts et que l'administration pénitentiaire, de son côté, emploiera tout le zèle, tout le dévouement nécessaire pour l'application d'une réforme que nous reconnaissons nécessaire, et de laquelle doit résulter le bien social que nous en attendons comme lui. » Malheureusement ce sont là des paroles, non des actes. Il y a bientôt cinq ans que la loi sur l'emprisonnement cellulaire a été votée, et, chose triste à dire, une seule prison, celle de Sainte-Ménehould, a été transformée. D'après les déclarations faites par M. le ministre de l'intérieur dans la séance du 20 décembre 1878, le système cellulaire devait être mis prochainement en vigueur dans une vingtaine de villes. Cinq prisons, celles des villes de Rouen, d'Auxerre, de Dijon, de Versailles et d'Étampes étaient sur le point d'être aménagées pour l'application du régime cellulaire ; trois autres, celles de Besançon, de Bourges et de Bayonne, étaient sur le point d'être mises en état ; enfin, dans une douzaine de villes les plans des prisons cellulaires étaient adoptés, votés et les subventions de l'État accordées. A Paris la prison de Mazas, la petite Roquette, un quartier de la Santé (1,000 cellules, deux quartiers ; 500 cellules pour l'isolement de jour et de nuit, 500 cellules pour la nuit seulement) sont affectés au régime cellulaire. Est-ce là un résultat satisfaisant ? Si l'on continue ainsi, on peut se demander avec anxiété quelle période de temps sera nécessaire pour que la réforme soit complète. Ce n'est pas que l'on doute encore de la bonté du régime cellulaire; il suffirait pour s'en convaincre de lire le rapport adressé à l'administration par le directeur de la dixième circonscription pénitentiaire sur le fonctionnement du régime de l'emprisonnement individuel dans la maison d'arrêt et de correction de Sainte-Menehould, déclarée cellullaire par un décret du 27 mars 1878.

Voici les passages les plus intéressants de ce document en date du 5 janvier 1879 :

« Conformément aux instructions de M. le ministre, en date du 1er juillet dernier, le régime de l'emprisonnement individuel a été appliqué dans la prison de Sainte-Menehould le 13 du même mois.

« J'ai d'abord expliqué aux détenus que ce changement de régime avait surtout pour but de les préserver des rechutes si nombreuses avec le système de la vie en commun. Il a été accepté sans protestations, sans murmures. Les femmes sont bien moins disposées à faire usage du capuchon ; elles le prennent néanmoins sans grande résistance. Soit pour le capuchon, soit pour les autres prescriptions réglementaires, je n'ai eu jusqu'à ce jour aucune punition à infliger, il a suffi de quelques avertissements. »

« J'ai fait de fréquentes visites à la prison pour m'assurer que le règlement est compris et observé et pour me rendre compte des effets du nouveau régime. »

« Il existait, au 13 juillet, 20 détenus (19 hommes et 1 femme). Il est entré depuis cette date 33 hommes et 6 femmes et il est sorti 46 hommes et 5 femmes, en sorte qu'il restait seulement au 31 décembre 1878 8 détenus dont 7 hommes, parmi lesquels se trouve un individu condamné à dix-huit mois par la cour d'assises et un autre à un an par le tribunal de Châlons. »

« Le régime de l'isolement est accepté avec reconnaissance par le plus grand nombre des détenus qui ne sont pas des habitués de prison et qu'on peut ramener dans la bonne voie ; mais la plupart des récidivistes tout en l'acceptant avec assez de résignation le trouvent beaucoup plus dur que celui de la vie en commun. Ils aimeraient mieux, disent-ils, faire deux ans en contact avec leurs codétenus qu'un an à l'isolement. Ils reconnaissent que l'administration fait beaucoup pour eux, et ils pensent que ces sacrifices ne seront pas entièrement perdus. »

« Tout récemment un condamné, âgé de 20 ans, ancien jeune détenu, ayant à subir une peine de quinze mois d'emprisonnement, auquel je cherchais à faire comprendre les bienfaits de l'isolement, m'a répondu qu'il en reconnaissait les avantages, mais qu'il préférait aller dans une maison centrale. Un seul condamné à un an, ayant déjà été dans ces établissements, dit se trouver mieux en cellule. »

« Je n'ai jusqu'à présent constaté aucun effet fâcheux

prodnit par l'isolement ; au contraire, d'une part il est accepté très volontiers par les détenus dignes d'intérêt, de l'autre il est redouté par les habitués des prisons. Pour les condamnés à de courtes peines, ce régime a surtout l'avantage de les préserver de la contagion, mais je pense qu'il faut en général trois mois de séjour pour qu'il produise des effets sensibles sur les dispositions morales des détenus. J'ai cependant remarqué chez quelques individus dont la prévention n'a duré que peu de jours, que l'isolement a paru leur inspirer une crainte très salutaire, et je suis disposé à croire qu'ils en garderont un souvenir qui sera de nature à les empêcher de commettre de nouveaux actes délictueux. »

« Comme on devait s'y attendre, c'est chez les illettrés que se font le plus sentir les effets pénibles de l'isolement. Le dimanche surtout leur paraît long. Je donne des instructions pour les distraire le plus possible en les occupant. »

« Il n'y a pas encore eu de malades : un seul détenu a reçu dans sa cellule pendant trois jours le régime de l'infirmerie. Le médecin visite régulièrement tous les prisonniers une fois par semaine. Il n'a pas constaté que leur état mental se trouvât affecté de ce régime, et reconnaît qu'avec les nombreuses visites faites aux détenus, les effets de l'isolement ne sont pas à redouter. »

« La messe et les vêpres sont chantées tous les dimanches, et une instruction a lieu à la messe. En outre, l'aumônier voit les détenus très régulièrement trois fois par semaine et leur fait une conférence le mercredi. »

« Le service de l'école est encore à peine organisé. Il a

été difficile de trouver un instituteur qui voulût s'astreindre à résider même pendant les vacances. Le titulaire actuel donne des leçons trois fois par semaine, et fait des lectures les trois autres jours à toute la population. Le nombre des élèves est trop restreint en ce moment pour permettre de donner une appréciation sur les résultats de son enseignement. »

« Des conférences morales ont lieu le jeudi entre dix et onze heures. Elles sont faites sur l'autorisation préfectorale, alternativement par un ancien inspecteur général de l'instruction publique et le juge de paix. Il a déjà été fait cinq conférences qui ont été très goûtées par toute la population. J'en attends les meilleurs résultats. »

« Les prisonniers sont presque tous occupés à la confection des chaussons. C'est un gardien qui leur montre à les faire. Pour lui faciliter sa tâche un détenu commence et achève ceux qui sont destinés aux apprentis. En général ceux-ci sont capables de travailler seuls au bout de deux ou trois jours. Je crois que, malgré la perte de temps occasionnée aux détenus par les visites, l'école, la lecture ou les conférences, perte dont les plus laborieux se plaignent, la somme de travail obtenue sera au moins égale sinon supérieure à celle que produisaient les mêmes individus réunis dans un atelier. »

« Autant que possible, on occupe à des travaux plus lucratifs ceux qui peuvent l'être sans inconvénients. On vient de commencer la confection des nattes en jonc qui seront placées sur les lits de fer destinés à remplacer les hamacs. Il y a maintenant de l'effilochage pour

les condamnés à de très courtes peines, pour les prévenus et ceux qui ne pourraient faire des chaussons. Les
femmes ont été généralement occupées au raccommo-
dage du linge ou à tricoter. »

« Il n'existe pas encore de comité de patronage. La
commission de surveillance a déclaré, il est vrai, qu'elle
se considère comme formant un comité et qu'elle est
disposée à s'occuper du placement des libérés, mais elle
ne possède aucune ressource et croit qu'à raison du
petit nombre des détenus elle aurait si rarement l'occasion d'exercer son action que, dans ces conditions,
l'institution ne subsisterait pas longtemps. J'insiste
surtout pour que le comité s'adjoigne quelques dames
qui feraient les visites aux femmes. Avec les femmes,
et surtout avec les enfants, il faut s'ingénier pour combattre les effets de l'isolement; on ne peut y parvenir
qu'avec une volonté ferme et une grande vigilance.
Les conseils de dames seraient certainement très utiles
à la surveillante. »

« En résumé, je suis satisfait des résultats obtenus, et
j'ai tout lieu de croire que la société n'aura qu'à se
féliciter des sacrifices qu'elle s'impose pour ramener
dans le chemin du devoir ceux qui s'en seront écar-
tés. »

Tout le monde reconnaît que la réforme doit s'accomplir. Qu'est-ce qui s'oppose donc à l'exécution de la loi
de 1875? Il y a là une question financière qui va peut-
être retarder indéfiniment la transformation des prisons
départementales. Lorsqu'on réclame les fonds nécessaires, personne ne veut faire le moindre sacrifice.

La plupart des conseils généraux ne semblent pas disposés à voter les subsides nécessaires, subsides qui doivent être considérables, il faut le reconnaître.

On rencontre chez ces corps électifs des résistances de différente nature. Les uns ne peuvent consacrer la moindre somme à la réforme pénitentiaire, parce que les ressources du département sont engagées par des dépenses antérieures. Les autres ne sont pas bien pénétrés de l'utilité de la réforme, ou plutôt hésitent à se prêter à une réforme, qui n'a reçu du gouvernement qu'une impulsion bien restreinte et qu'ils ont vue récemment condamnée. Ils se souviennent de la circulaire du 17 août 1853, par laquelle le gouvernement renonçait à l'application de l'emprisonnement individuel inauguré en 1836 pour s'en tenir à celui de la séparation par quartiers et de l'impulsion qui fut donnée dans toute la France à la reconstitution et à l'appropriation des prisons départementales. A qui appartient-il de faire disparaître ces hésitations? C'est au gouvernement en votant des subsides qui soient en rapport avec les intérêts moraux et sociaux attachés à cette loi, et non pas des subsides dérisoires, comme il l'a fait jusqu'ici. M. le directeur de l'administration pénitentiaire, dans un document soumis au conseil supérieur, évaluait à un million la charge annuelle nécessaire pour atteindre le but en une vingtaine d'années. C'est dans une période de temps pareille que la Belgique, la Hollande, la Suède ont accompli leur réforme. Ainsi il faudrait un million par an pour accomplir la réforme en vingt ans, et l'État n'a consacré à la réforme en trois ans que

469,000 fr. environ, soit une moyenne de 150,000 fr. par an. C'est avec un profond regret que nous constatons que pour venir, en exécution de la loi du 5 juin 1875, au secours des départements qui ne peuvent opérer avec leurs seules ressources la transformation de leurs prisons, on a voté pour l'année 1879 une somme de 280,000 fr. Ainsi en France sur un budget de près de trois milliards on affecte à la transformation des prisons la somme de 280,000 fr. alors qu'en Belgique, dont le budget ne dépasse pas 260 millions, pour l'exécution de la réforme pénitentiaire on n'a jamais dépensé moins d'un million par année.

En résumé, c'est aux conseils généraux, à la Chambre des députés, au Sénat que revient la responsabilité des lenteurs qu'on apporte à l'exécution de la loi de 1875.

En supposant le système cellulaire en vigueur, pour qu'il produise de bons résultats il y a certaines mesures indispensables à prendre. Une réforme dans la législation criminelle est tout d'abord nécessaire; il faut déclarer que désormais les peines prononcées par le Code ne seront plus infamantes. Comment réveiller des sentiments d'honneur et de vertu dans l'âme des coupables, lorsque la loi elle-même a pris soin de les dégrader et de les avilir. Qu'on attache l'idée d'infamie aux peines perpétuelles, je le veux bien, bien que ce soit là plutôt une question qui relève de l'opinion publique que du domaine de la loi. Ce qui ne peut être admis, c'est qu'on déclare infâme l'individu condamné à une peine temporaire. Cet homme est destiné à rentrer dans la société,

et la tache d'infamie ne saurait s'effacer par l'expiration
de la peine.

Il est enfin un obstacle qui doit s'opposer à l'établissement du système cellulaire, c'est le défaut de centralisation. Il est temps de faire disparaître du Code pénal,
sinon la diversité des peines, du moins les différences
qui existent dans la manière de les subir. Chaque prison
forme un établissement à part, de coutumes, de système,
de discipline, de régime particuliers. Cela est rigoureusement exact pour les maisons de correction; si pour les
maisons centrales un règlement du 10 mai 1839 s'occupe de l'administration intérieure, ce n'est là qu'une
apparence, en fait chaque maison centrale possède son
règlement particulier arrêté par le préfet. Pour remédier à cet inconvénient, l'unité de direction est indispensable; il est nécessaire de centraliser l'administration
de toutes les prisons régies par les autorités locales, de
mettre cette administration dans la même main, de
faire que la discipline soit partout uniforme. On y arrivera difficilement en France, car les établissements pénitentiaires relèvent de plusieurs pouvoirs distincts (1).

Voyons maintenant quelle est l'organisation des
maisons centrales, appelées aussi maisons de force,
quels sont les efforts tentés par l'administration pour
obtenir l'amélioration morale du condamné; cette étude

(1) Les établissements pénitentiaires dépendent :

1° Tantôt du ministère de l'intérieur (maisons centrales, maisons
de correction, établissements pénitentiaires pour l'éducation des
jeunes détenus, chambres de dépôt et de sûreté);

2° Tantôt du ministère de la marine (colonies pénales de la Guyanne
et de la Nouvelle-Calédonie);

faite, il nous sera possible de rechercher ce qu'il reste à faire.

C'est un décret du 16 juin 1810 qui a créé les maisons centrales. L'administration de chaque maison est confiée à un directeur assisté d'un ou de deux inspecteurs. Un greffier comptable, avec un ou plusieurs commis aux écritures, est chargé des écrous et de la comptabilité en deniers. Des économes, des teneurs de livres sont attachés aux établissements en régie; des régisseurs des cultures et autres employés spéciaux aux établissements agricoles.

Le personnel de surveillance comprend, de même que dans les maisons départementales, un gardien chef, un ou plusieurs premiers gardiens, des gardiens ordinaires, dont quelques-uns font l'office de commis-greffiers.

Les vingt-quatre maisons centrales qui existent en France renferment 18,000 prisonniers, parmi lesquels on compte trois ou quatre mille femmes. On a essayé de remédier à cet inconvénient en établissant des maisons spéciales pour les hommes et des maisons spéciales pour les femmes. On a spécialisé davantage : ainsi la prison de Melun reçoit les réclusionnaires, et la prison de Poissy les correctionnels à plus d'un an.

3° Tantôt du ministère de la guerre et de la marine (prisons affectées aux détenus de terre et de mer);
4° Tantôt, enfin, de la préfecture de police (prisons de Paris).
De plus, les bâtiments sont, tantôt la propriété de l'État, tantôt celle des départements, qui doivent alors les entretenir et payer toutes les réparations ou changements.

Le régime de ces maisons est la vie en commun, avec silence absolu. Nous avons dit plus haut ce qu'il fallait penser de ce régime. La loi du silence n'est qu'un vain palliatif apporté au mal qu'engendre la vie commune. Le silence ne fait qu'irriter le condamné; comment exiger que des êtres essentiellement sociables, réunis dans un même lieu, n'échangent pas entre eux leurs sentiments et ne se communiquent pas leurs pensées. La tâche sera difficile, mais par des efforts persévérants, par des moyens ingénieux ils arriveront à déjouer la surveillance de leurs gardiens. Aussi nos maisons centrales sont-elles des foyers de corruption; les chiffres donnés plus haut prouvent d'une façon péremptoire que les condamnés sortent de ces prisons plus pervertis et plus corrompus qu'à leur entrée. Sans doute quelques mesures utiles ont été introduites dans nos maisons centrales, telles que les quartiers de préservation et d'amendement, dans lesquels on place les détenus les moins mauvais; on a créé quelques quartiers spéciaux pour les jeunes adultes de seize à vingt et un ans. Dix maisons centrales sont même pourvues de quartiers cellulaires. Ces quartiers ne sont pas seulement destinés aux condamnés punis, aux individus notoirement immoraux ou dangereux, ils servent aussi à la mise en observation des arrivants et à l'isolement de condamnés se conduisant bien, pour lesquels la vie commune est une torture ou un danger.

Il faut également reconnaître les efforts faits par l'administration pour supprimer les dortoirs communs, véritable enfer, malgré la surveillance que l'on y exerce, pour les détenus qui ne sont pas tout à fait dépravés (1). Enfin l'administration se propose actuellement de réaliser une autre amélioration : la séparation dans un quartier distinct de la maison centrale, à Rennes, des femmes profondément dépravées et immorales dont l'unique pensée est de recruter des sujets pour la débauche.

Quelques essais de pénitenciers agricoles ont même été faits : en Algérie et à la prison centrale de Loos, dans le département du Nord, on a confié à des planteurs des escouades de prisonniers. Cette expérience a été heureuse, mais ce sont là des mesures insuffisantes.

A l'heure actuelle, de tous les moyens que nous avons jugés nécessaires à la réforme du condamné, le travail seul est employé dans nos maisons centrales. Ces établissements, contrairement à ce qui se passe dans les prisons départementales, ont tous des ateliers généralement bien organisés et comparables à ceux de l'industrie libre. C'est le système du travail à forfait qui existe dans la plupart de nos maisons centrales; dans l'intérêt de la société et du condamné ne serait-il pas préférable d'y

(1) Il existe déjà dans la maison centrale de Poissy un dortoir cellulaire composé de cases à lit. Ces cases sont formées de plaques de tôle et de grillage en fil de fer à mailles plus ou moins larges, suivant l'emplacement; le tout constitue une sorte d'alcôve, dans laquelle l'air circule librement, facile à surveiller et où le détenu qui se respecte se sent plus éloigné de ses compagnons de captivité. Un mode de fermeture ingénieux permet d'ouvrir ou fermer simultanément 15 ou 20 cases. Cette excellente idée a déjà été mise en pratique dans plusieurs pays.

substituer le système de la régie? L'examen de cette question nous entraînerait trop loin.

Quant à l'enseignement primaire et à l'enseignement religieux, est-il besoin de dire qu'ils sont tout à fait insuffisants. Un ou deux instituteurs et aumôniers sont attachés à chaque établissement, mais la plupart de nos maisons centrales renferment mille à douze cents détenus; dans ces conditions, l'enseignement de l'instituteur, les exhortations et les conseils de l'aumônier ne peuvent avoir aucune influence bienfaisante sur le moral des condamnés. Des congrégations de femmes sont chargées du soin et de la garde des prisonnières, mais leurs fonctions consistent plutôt à faire régner l'ordre matériel qu'à relever les intelligences et les cœurs des malheureuses créatures qui leur sont confiées.

En résumé, nous n'hésitons pas à reconnaître que les maisons centrales ont déjà reçu de grandes améliorations, qu'un ordre parfait y règne extérieurement, que le travail y est régulièrement organisé; mais cela ne suffit pas; l'ordre moral est loin d'être en rapport avec l'ordre matériel; une discipline tout extérieure ne suffit pas pour la réforme des prisonniers, il faut agir sur leur conscience et tâcher de réaliser les deux buts que doit se proposer le législateur : punir et corriger. On n'y arrivera que par l'établissement du système cellulaire.

Pourquoi donc alors le législateur n'a-t-il pas cru devoir appliquer le régime de la cellule aux maisons centrales. La réforme paraît aussi urgente pour les maisons centrales que pour les prisons départementales. Chaque année il sort de ces établissements un nombre considérable de prisonniers : rentrant dans la société avec leurs vices, ils ne peuvent qu'y répandre la corruption dont ils sont infectés. Deux raisons ont déterminé le législateur à ne pas appliquer le système cellulaires aux maisons centrales : 1° ces établissements sont la propriété de l'Etat; 2° c'est que le régime cellulaire se conçoit surtout quand on l'applique à des débutants : or, les maisons centrales ne reçoivent pas les débutants, la statistique le prouve, 80 à 90 pour 100 ont des antécédents judiciaires. Ces deux raisons sont loin d'être déterminantes. La première repose sur une question d'argent : l'État recule devant la dépense que lui imposerait nécessairement la transformation cellulaire, et cependant nous croyons avec M. Béranger que la justice est une dette de l'Etat. La seconde raison invoquée n'est guère meilleure. Est-ce une raison parce que les pensionnaires des maisons centrales ne sont pas des débutants dans le crime, pour ne pas établir le système cellulaire. Est-il impossible de les moraliser? Cela n'est pas démontré. En tout cas il est du devoir de la société, si elle ne peut parvenir à corriger ces condamnés, d'empêcher tout au moins qu'ils se corrompent. La société dépasse son droit de légitime défense lorsqu'elle laisse croupir dans la corruption les détenus de nos maisons centrales.

ÉTAT DE LA QUESTION DANS QUELQUES PAYS.

Ce qui caractérise le problème de la réforme pénitentiaire, c'est le désir qui se manifeste chez toutes les nations de s'en préoccuper. Tous les gouvernements étudient le système cellulaire et s'efforcent d'en faciliter l'application chez eux. Nulle part on ne rencontre de résistance sérieuse, partout on reconnaît la supériorité de ce système d'emprisonnement.

Le système de la transportation est délaissé de plus en plus ; au contraire celui de l'emprisonnement cellulaire gagne du terrain et finira bientôt, nous l'espérons, par être universellement appliqué.

Il n'y a actuellement que deux pays, la France et la Russie, qui appliquent la peine de la transportation. Nous avons étudié la transportation en France : en ce qui concerne la Russie, nous ne saurions mieux faire que de citer les paroles prononcées au congrès de Stockholm par M. Kokovtzeff, secrétaire de la commission chargée de préparer la révision des lois pénitentiaires de l'empire. « Il fut un temps où les meilleurs esprits, en Russie, croyaient que la transportation produirait de bons résultats à un double point de vue : celui de la suppression des crimes et celui de la colonisation. Mais, après un siècle de travaux assidus, d'expériences faites sans doute très consciencieusement, les législateurs et les hommes pratiques ont complétement changé d'opinion.

Pour ma part, je saluerai l'abolition de la déportation (comme peine applicable aux délits de droit commun) comme le commencement d'une ère nouvelle pour la réforme pénitentiaire en Russie. »

La législation des autres pays ne connait pas ce mode de punition, et il y a des pays qui probablement n'auront jamais de colonies.

De nombreux Etats au contraire appliquent le régime cellulaire. Il faut reconnaitre qu'aucun pays n'est encore doté d'un système pénitentiaire complet. Chaque législation a cru devoir fixer à cet isolement une durée différente : on remarque cependant que le régime de la cellule est plutôt appliqué aux peines d'une courte durée, ce qui se comprend parfaitement, étant donné que le malfaiteur débute ordinairement par un délit, non par un crime. En Belgique et en Toscane la séparation a été poussée jusqu'à la limite de dix ans. La Suisse l'admet jusqu'à douze mois, la Hollande et la Suède jusqu'à deux ans, le Danemarck jusqu'à trois ans et six mois, l'Allemagne et l'Autriche jusqu'à trois et six mois, et la Norvège jusqu'à quatre. En Angleterre la durée de la séparation est différente suivant qu'il s'agit de peines du premier degré ou de la servitude pénale. La France a admis le régime de la cellule pour les peines de courte durée (un an et un jour). Une circulaire du 15 octobre 1875, adressée par le ministre de l'intérieur aux préfets fait prévoir qu'on l'étendra successivement aux condamnations à long terme, lorsqu'un essai méthodique de ce système en aura démontré les bienfaits. Enfin le système de la séparation individuelle est sur le point d'être admis ou fonctionne depuis un certain nombre d'années en Russie, en Espagne, au Canada, en Australie et au Japon.

L'application du système cellulaire pour une durée inférieure à six mois peut avoir de bons effets au point de vue de la répression et de la non-corruption du détenu, elle nous paraît insuffisante pour le moraliser.

Nous ne pouvons passer successivement en revue la législation de chaque pays, nous nous contenterons de rechercher où en est la réforme pénitentiaire dans trois pays : la Belgique, l'Angleterre, les Etats-Unis. En Belgique, parce que c'est le pays qui possède le système cellulaire le plus complet; en Angleterre, parce qu'un régime tout spécial y est organisé; aux Etats-Unis, parce que c'est là qu'a pris véritablement naissance le système cellulaire, qu'il s'y est développé pour être ensuite abandonné.

BELGIQUE.

Le système cellulaire est organisé d'une façon presque complète en Belgique. Ce système débuta dans une mesure restreinte, en 1835, sous l'illustre Ducpétiaux; en 1849 même après son adoption définitive, il était loin d'avoir reçu une organisation complète dans tout le royaume. Ce n'est que depuis quelques années que l'œuvre de la réforme pénitentiaire fait des progrès énormes.

Le nombre des prisons cellulaires s'élève à vingt-quatre. Il reste encore à construire quatre prisons pour compléter l'ensemble des établissements de détention cellulaire. Les vingt-quatre prisons actuelles renferment 3,843 cellules, non comprises 156 cellules de la maison centrale de Gand.

Tous les prisonniers subissent le régime cellulaire pendant toute la durée de leur peine. Il n'est fait d'exception que pour les infirmes de corps et d'esprit qui subissent la détention en commun.

Les condamnés aux travaux forcés à perpétuité et les condamnés à la détention perpétuelle ne peuvent être contraints à subir le régime de la cellule que pour les dix premières années de leur captivité (loi 4 mars 1870). Après cette période, les condamnés peuvent demander à être transférés dans la prison de Gand, où ils travaillent et mangent en commun, mais sont encore séparés pendant la nuit. Il s'est produit en Belgique un fait digne d'être noté; plusieurs condamnés à perpétuité ont manifesté le désir d'être maintenus en cellule après l'expiration des dix ans.

Mais l'application du système cellulaire aggravant la peine d'une façon assez notable, le législateur belge a cru devoir accorder une réduction aux condamnations subies en cellule. Il a établi une progression constante : ainsi la peine temporaire la plus forte, celle de vingt ans, se trouve réduite de plus de moitié (1). Cette réduction existe de plein droit, par le fait seul de l'emprisonnement cellulaire.

Nous ne saurions trop recommander la visite des prisons belges, et notamment celle de Louvain, l'un des types les plus complets de prison cellulaire, aux personnes qui s'occupent de la réforme pénitentiaire. Les Belges ont parfaitement compris que pour réussir dans la réforme morale des prisonniers il fallait de toute nécessité que leur nombre ne dépassât pas cinq à six cents dans chaque établissement; la prison cellulaire de Louvain, la plus importante de toutes, ne contient que 596 cellules. Ils ont aussi apporté un soin tout particulier au recrutement du personnel des employés. Ce qui est surtout admirable, c'est que dans toutes les prisons, aussi bien dans les maisons de détention et d'arrêt que dans les maisons centrales, le système d'administration est uniforme. La division de la journée, l'ameublement, les lits, le costume, les visites, les dispositions sanitaires,

(1) La durée des peines sous le régime cellulaire est réduite dans les proportions suivantes :

Des 3/12ᵉ pour la 1ʳᵉ année ;

Des 4/12ᵉ pour les 2ᵉ, 3ᵉ, 4ᵉ et 5ᵉ années ;

Des 5/12ᵉ pour les 6ᵉ, 7ᵉ, 8ᵉ et 9ᵉ années ;

Des 6/12ᵉ pour les 10ᵉ, 11ᵉ et 12ᵉ années ;

Des 7/12ᵉ pour les 13ᵉ et 14ᵉ années ;

Des 8/12ᵉ pour les 15ᵉ et 16ᵉ années ;

Des 9/12ᵉ pour les 17ᵉ, 18ᵉ et 20ᵉ années.

La réduction se calculera sur le nombre de jours de la peine ; elle ne s'opérera pas sur le premier mois de la peine, ni sur les excédants de jours qui ne donneraient pas lieu à une diminution d'un jour entier.

l'instruction scolaire, les leçons de morale, la distribution des livres dans le cabinet de l'instituteur, tout est semblable partout.

Toutes les conditions nécessaires à la réforme morale des condamnés sont remplies :

1° La séparation complète des détenus le jour et la nuit.

2° Le travail y est admirablement organisé : on y trouve des métiers que nous n'aurions jamais cru possible d'appliquer dans les prisons; certains prisonniers, en qui on a une confiance entière, exercent le métier de mécanicien, et on ne craint pas de leur laisser entre les mains des instruments tranchants.

3° L'instruction morale et religieuse y est très répandue. Dans toutes les prisons de la Belgique, même dans les plus petites, nous avons trouvé des écoles où l'on enseignait la lecture, l'écriture et les éléments des sciences, tout particulièrement dans leur application à l'industrie et aux arts utiles. Des conférences morales et familières sont continuellement données aux détenus.

4° De nombreuses visites doivent être faites au prisonnier afin de combattre l'ennui qui pourrait résulter pour lui de la solitude. Tous les employés doivent le visiter et deviennent ainsi, à différents degrés, les agents de sa régénération. Chaque gardien a vingt-cinq détenus sous sa surveillance. Sa consigne est réglée de façon à assurer à chaque détenu la vingt-cinquième partie de la durée de la journée de son gardien. En outre les détenus reçoivent les visites du directeur, du sous-directeur, des aumôniers, de l'instituteur et des médecins. Un règle-

ment fixe le nombre de visites que les divers fonctionnaires doivent faire par jour. Le directeur et le sous-
directeur doivent visiter chacun vingt-cinq prisonniers
par jour, l'aumônier doit passer cinq heures par jour
dans les cellules, et les médecins, outre les visites des
malades, doivent voir journellement chacun douze prisonniers.

Ce système a produit de bons résultats. On peut en
juger par les paroles prononcées au congrès pénitentiaire international de Stockholm par M. Thonissen,
membre du conseil de surveillance du pénitencier de
Louvain et l'un des représentants de la Belgique au
congrès. « Des chiffres irrécusables attestent que l'emprisonnement cellulaire est assez efficace pour dompter
les caractères les plus rebelles, pour amener les criminels
les plus endurcis à se repentir et à désirer d'être régénérés. D'autres faits encore prouvent que ce système
inspire une crainte des plus salutaires. Enfin, partout où
le système de détention est judicieusement appliqué, il
diminue le nombre des récidivistes (1). » Voici maintenant des chiffres :

De 1840 à 1849, parmi les accusés qui ont été tra-
duits en cour d'assises, il y avait 31 pour 100 de récidivistes.

De 1850 à 1855, cette proportion s'est élevée à 33
pour 100; de 1855 à 1860, à 46 pour 100.

En 1862, sur 171 individus jugés en cour d'assises,
95 étaient des récidivistes (55 pour 100).

(1) Procès-verbal de la séance du mardi 20 août 1878.

Or, devant la commission d'enquête parlementaire de 1872, à la question suivante : « Quels sont les effets du régime de la séparation sur le nombre des récidives? » M. Stevens, inspecteur des prisons belges, répondait : « Lorsqu'on a peuplé l'établissement de Louvain, on y a mis 72 pour 100 de récidivistes et 28 pour 100 d'individus condamnés pour la première fois. Les récidivistes n'ont plus donné depuis lors que 26 pour 100, et les individus qui n'avaient été condamnés qu'une fois n'ont donné en fait de récidive que 4 1/2 pour 100.

Nous avons vu que la moyenne des condamnés récidivistes était de 55 pour 100 en 1852; dix ans après, pour les condamnés qui n'avaient jamais subi aucune peine, la récidive était descendue à la maison cellulaire de Louvain à 4 1/2 pour 100. On ne saurait contester en présence de pareils faits l'excellence du système cellulaire.

ANGLETERRE.

L'Angleterre a pratiqué longtemps le système de la transportation. Dans la première période, elle envoya en Australie tous les condamnés indistinctement. Son but était de se débarrasser des prisonniers, et les gouverneurs des colonies réglaient en pleine liberté la situation des transportés. Ce régime de l'arbitraire fut bientôt abandonné et remplacé par le Probation system, en vertu duquel le condamné était envoyé aux colonies après une première période d'expiration pénale passée en Angleterre. Les espérances que l'on avait formées furent déçues, et on s'aperçut bientôt que le gouvernement avait les convicts à sa charge pendant la plus grande partie de leur peine. Il n'y avait donc aucun avantage à les envoyer immédiatement au loin, et on proposa de les garder en Angleterre pour les employer à des travaux publics. La surveillance serait plus facile, et on pourrait toujours les envoyer dans les colonies lorsqu'ils auraient obtenu le ticket of leave. On croyait en outre que l'application de l'emprisonnement cellulaire à tous les convicts ne produirait que de bons résultats. Aussi, à partir de 1847, le gouvernement anglais décida de n'envoyer aux colonies que les condamnés ayant reçu un ticket of leave. La transportation comprit trois périodes :

1° Une période d'emprisonnement cellulaire pendant neuf mois ;

2° Une période consacrée à des travaux publics en Angleterre ;

3° Le transport aux colonies avec le ticket of leave.

Les nombreuses considérations que nous avons fait valoir contre le système de la transportation devaient tôt ou tard engager l'Angleterre à y renoncer. Le refus des colonies australiennes de recevoir de nouveaux convois de déportés n'a fait que hâter la suppression du régime. Si la transportation avait eu d'excellents résultats, l'Angleterre, qui est si pratique en tout, ne l'aurait pas abolie, et certainement les îles ne lui manquent pas.

En 1853, un premier acte permet de substituer à la peine de la transportation pour quatorze ans et au-dessous une servitude pénale à subir en Angleterre. En 1857, un autre acte étendit le même système aux peines de plus de quatorze ans. En 1863, la commission chargée de faire une enquête sur le système pénitentiaire se prononçait encore pour son maintien. Quelques années plus tard, la transportation avait disparu progressivement et complétement de la législation anglaise.

Un fait digne de remarque, c'est que depuis la suppression de la transportation le nombre des crimes a diminué en Angleterre d'une façon considérable, surtout dans ces dernières années. Il ne faudrait pas chercher la cause de cette heureuse diminution uniquement dans l'abandon de cette peine; mais elle provient sans doute de ce que la peine subie dans les prisons du continent est à la fois plus intimidante et plus moralisatrice, et aussi de ce que des sociétés d'aide aux libérés se sont formées de toutes parts. Nous verrons cependant que le système pénitentiaire de l'Angleterre est loin d'être parfait.

L'emprisonnement cellulaire est appliqué en Angleterre dans un grand nombre de prisons de comté pour toute la durée des peines du premier degré, c'est-à-dire jusqu'à la limite de deux ans, le système irlandais l'adopte pendant neuf mois comme première épreuve de la servitude pénale.

Voici en quoi consiste le système irlandais: 1° division de la durée de la détention en trois périodes, dont la première s'écoule en cellule et ne saurait être moindre de neuf mois ; la seconde dans une prison en commun, et la troisième dans une prison dite intermédiaire où le détenu avant sa libération définitive vit à l'état de demi-liberté ; 2° adoption d'un système de bons points ou de marques dont l'obtention réduit proportionnellement à leur nombre la durée de la détention, sans que cette réduction puisse s'élever au-dessus du quart. De ce système les Anglais ont retenu d'abord l'emploi des marques et ensuite la division de la détention en une période d'emprisonnement cellulaire d'au moins neuf mois et une période d'emprisonnement en commun conduisant à la liberté préparatoire avec un ticket of leave. Mais ils ont rejeté le système de la prison intermédiaire, qui demeure le trait caractéristique du système irlandais.

Le fléan de l'organisation des prisons anglaises de convicts, établissements qui correspondent à nos maisons centrales, c'est la promiscuité. Des réformes sont nécessaires : elles devront consister dans un meilleur choix et une meilleure surveillance des employés, dans une séparation et une classification plus réelles des prisonniers.

Le régime de la cellule existe, dans la plupart des comtés et des bourgs, mais cette séparation des prisonniers ne peut produire de bons résultats si elle n'est pas généralisée, si on ne donne pas aux prisonniers un travail plus rémunérateur et plus réformateur, si on ne développe pas davantage l'instruction et l'enseignement religieux, si on ne facilite pas enfin l'accès de la prison aux personnes honorables de la ville.

Il faut reconnaître pourtant que des efforts sont faits pour améliorer le régime des prisons, surtout depuis le congrès de Londres de 1872, qui a eu le privilège d'intéresser les esprits à la question pénitentiaire. On s'est attaché à répandre l'enseignement religieux dans les prisons; il y a aujourd'hui au moins un chapelain par chaque prison. Dans quelques établissements on est arrivé à donner aux prisonniers une connaissance sérieuse de la lecture, de l'écriture et même de l'arithmétique. Malheureusement la grande majorité des prisonniers subit des peines qui ne dépassent pas trois mois; or, il est matériellement impossible dans un si court espace de temps de leur enseigner les éléments des sciences ou même de leur apprendre un métier. Des bibliothèques abondamment fournies ont été établies dans les prisons de convicts. Enfin le congrès de 1872 a donné une forte impulsion au patronage des détenus libérés: douze nouvelles sociétés ont été fondées, de sorte que le nombre total s'élève à peu près à cinquante.

Le bill du 12 juillet 1877 nous permet d'espérer que les réformes seront de plus en plus nombreuses. Il s'agit de trois lois analogues votées pendant la session parlementaire de 1877, sous les titres de lois sur les prisons d'Angleterre, d'Ecosse et d'Irlande, et dont l'application a commencé le 1er avril 1878. L'Angleterre a senti la nécessité de centraliser dans une seule main tous les pouvoirs relatifs aux prisons, en présence des abus qu'avait produits le droit de propriété et de juridiction réservé aux autorités locales, en présence des différences sensibles qui se manifestaient de toutes parts quant au régime intérieur, à la surveillance, à la discipline. La direction et la propriété de toutes les prisons de comtés et bourgs passent aux mains du gouvernement central, représenté par le secrétaire de l'intérieur et les trois comités de commissaires des prisons chargés de l'assister en Angleterre, en Irlande et en Ecosse.

Quant aux prisons de convicts, où sont renfermés les condamnés à cinq ans et au delà, elles sont depuis longtemps sous la direction exclusive du gouvernement central, représenté par le ministre de l'intérieur et le comité des directeurs des maisons de convicts.

La commission chargée par le gouvernement anglais au mois de janvier 1878 d'ouvrir une enquête sur la manière dont étaient appliquées les lois concernant la servitude pénale a déposé son rapport. Voici les réformes demandées par cette commission :

1° Qu'afin de prévenir la corruption des condamnés les moins endurcis par les criminels d'habitude, il soit établi une catégorie spéciale renfermant (sauf certaines exceptions) tous les condamnés contre lesquels il n'aura été relevé aucune condamnation antérieure ;

2° Que les condamnés pour les crimes les plus graves (treason, felony) soient séparés des autres condamnés ;

3° Que tous les condamnés reconnus faibles d'esprit ou imbéciles soient séparés des autres prisonniers et placés sous la garde d'agents choisis avec soin pour leur intelligence et leur caractère ;

4° Que la clause de l'acte sur la servitude pénale de 1864, aux termes de laquelle tout individu, poursuivi pour un crime emportant la peine de la servitude pénale après avoir antérieurement été condamné pour crime de félonie, ne puisse être condamné à moins de sept années de servitudes pénales, soit rapportée;

5° Que certaines dispositions de l'acte de 1871 sur la prévention des crimes qui rendent impossible, en fait, dans la métropole l'application de la loi concernant les condamnés en état de libération conditionnelle et les autres personnes placées sous la surveillance de la justice, soient modifiées conformément aux propositions du commissaire général de police ;

6° Que dans les métropoles, des officiers de police spéciaux soient chargés de la surveillance des condamnés en état de libération conditionnelle et qu'ils agissent de concert avec la Société royale de patronage pour les prisonniers libérés;

7° Qu'il soit nommé pour le service médical un médecin en chef choisi parmi les principaux médecins;

8° Que le gouvernement désigne pour inspecter les établissements de servitude pénale des personnes indépendantes, sans aucune attache avec l'administration et ne recevant aucun traitement;

9° Que la prison de Spike Irland soit supprimée;

10° Que le régime prescrit pour les établissements de servitude pénale d'Ecosse et d'Irlande soit modifié;

11° Que deux membres du comité des prisons d'Irlande soient appelés à prendre une part active à la direction des établissements de servitude pénale en Irlande.

ÉTATS-UNIS.

Ce sont les quakers, secte religieuse de la Pensylvanie. qui ont introduit les réformes dans les prisons
d'Amérique en 1786.

Deux systèmes parfaitement distincts se trouvèrent
en présence: le système de Philadelphie et le système
d'Auburn. Ils ont une base commune, l'isolement des
détenus.

Système de Philadelphie : isolement de jour et de
nuit avec ou sans travail, suivant l'époque et les établissements.

Système d'Auburn : isolement de nuit, travail en réunion et en silence le jour.

Aujourd'hui il en est différemment, le régime cellulaire a perdu une partie de la faveur qu'il avait obtenue autrefois, parce qu'on en a exagéré l'application,
parce qu'on lui a toujours conservé le caractère de la
séquestration absolue, presque sans travail, sans
instruction, sans visites, il continue cependant à être
appliqué dans certaines prisons de l'État de Pensylvanie, où il repose sur les vrais principes et fonctionne
avec un plein succès. L'emprisonnement séparé y est
appliqué aux peines de toutes durées, avec des ré-
ductions accordées en raison de la bonne conduite, qui
peuvent abaisser à quatorze ans et neuf mois la peine
maxima de vingt ans.

Quant aux prisons des comtés, Tocqueville les jugeait déjà « les pires qu'il eût jamais vues » et il n'y a eu depuis cette époque que peu de progrès marqués. Les prisonniers vivent en commun et croupissent forcément dans l'oisiveté : il y a aux Etats-Unis environ 2,000 écoles de vice dans ce genre là.

Des réformes sont nécessaires. Il faudrait appliquer la séparation cellulaire, seul régime capable d'empêcher la corruption des détenus et de produire la régénération. Mais pour que des améliorations puissent être apportées au système pénitentiaire, il faut commencer : 1° par remettre entre les mains de l'État tous les pouvoirs relatifs aux prisons. On a reconnu qu'il résultait de graves inconvénients de l'indépendance, de l'isolement des établissements pénitentiaires. Depuis le congrès de Cincinnati de 1870, la centralisation a été opérée dans certains États; 2° par délivrer l'administration pénitentiaire de la politique. « Une des plus grandes difficultés contre lesquelles nous ayons à lutter aux Etats-Unis, disait M. Milligan, délégué de l'État de Pensylvanie, est l'influence qu'exerce la politique dans le contrôle de nos grandes prisons. Dans certains de nos États, les employés des pénitenciers sont changés après l'élection de tout gouvernement. Tel a été récemment le cas dans l'Ohio, où il n'y a qu'une seule prison d'Etat, qui compte à peu près 1,500 prisonniers. C'est toujours le cas pour le directeur, et, dix fois pour une, la majeure partie des employés subordonnés reçoivent leur congé. » Ce système rend impossible la réforme pénitentiaire.

Nous voudrions, en terminant, faire valoir une dernière considération en faveur de l'emprisonnement cellulaire; c'est que les pays mêmes, tels que les États-Unis et l'Angleterre, qui ont généralement cessé d'appliquer ce système aux longues peines, sont aujourd'hui les premiers à en reconnaitre les incontestables avantages pendant toute la durée des courtes peines et au début des autres.

POSITIONS

DROIT ROMAIN.

I. — Une servitude est urbaine ou rurale suivant qu'elle est constituée au profit d'un bâtiment ou d'un terrain non construit.

II. — A l'époque d'Auguste, les droits de patronage ne passaient pas aux enfants en cas de déportation; il en fut autrement à partir de l'empereur Sévère. (Voir thèse page 36.)

III. — Si, en cas de dépôt et de commodat on trouve les deux formules « in jus et in factum », c'est que pendant longtemps le dépôt et le commodat n'ont été reconnus que comme pactes prétoriens; plus tard seulement le droit civil les considéra comme de véritables contrats.

IV. — Dans les actions doubles il y avait autant de formules qu'il y avait de parties distinctes.

V. — La condamnation à la relégation n'abolissait pas par elle-même la considération du condamné, si d'ailleurs la cause de la condamnation n'était pas infamante. (Voir thèse page 50.)

DROIT CIVIL FRANÇAIS.

I. — L'officier de l'état civil, appelé à dresser l'acte de naissance d'un enfant naturel, ne peut pas exiger du déclarant le nom de la mère.

II. — L'emphytéose n'existe plus aujourd'hui comme droit réel.

III. — En cas de remploi fait par le mari d'un bien de la femme, l'acceptation de celle-ci a un effet rétroactif absolu au jour de l'acquisition faite par le mari.

IV. — Le droit de rétention donne un véritable droit réel opposable soit aux créanciers chirographaires, soit aux créanciers hypothécaires ou privilégiés.

V. — Le tribunal français appelé à déclarer exécutoire un jugement rendu par une juridiction étrangère n'a pas à réviser le fond du procès : il doit seulement examiner si ce jugement ne contient aucune solution contraire à l'ordre public.

DROIT CRIMINEL.

I. — Le ministère public ne peut poursuivre comme banqueroutier un commerçant qui n'a pas été déjà déclaré en faillite par un tribunal de commerce.

II. — Le complice du suicidé n'est pas punissable.

III. — L'interdiction légale n'est pas attachée à une condamnation par contumace.

IV. — Le défenseur de l'accusé n'excède pas son droit en argumentant de la sévérité de la loi pénale.

V. — L'interdiction légale se distingue sous plusieurs rapports essentiels de l'interdiction civile.

VI. — Le juge du fait ne décide pas souverainement sur le point de savoir si un acte constitue un acte préparatoire ou un commencement d'exécution.

VII. — La tentative d'avortement commise par un médecin n'est pas punissable.

VIII. — En cas de vol domestique, le complice, quel qu'il soit, recéleur ou non, est punissable.

DROIT ADMINISTRATIF.

I. — Les cours d'eau non navigables ni flottables appartiennent aux riverains.

DROIT INTERNATIONAL.

I. — Le changement de qualification des faits relevés à la charge d'un extradé, survenant au cours des débats devant la cour d'assises ou le tribunal correctionnel, constitue un obstacle à son jugement contradictoire.

II. — L'étranger divorcé à l'étranger peut se remarier en France.

Vu par le Président de la thèse,
J.-E. LABBÉ.

Vu par le Doyen de la Faculté,
Ch. BEUDANT.

Vu et permis d'imprimer :
Le Vice-Recteur de l'Académie de Paris,
GRÉARD.

Typ. A. PARENT, rue Monsieur-le-Prince, 29-31.

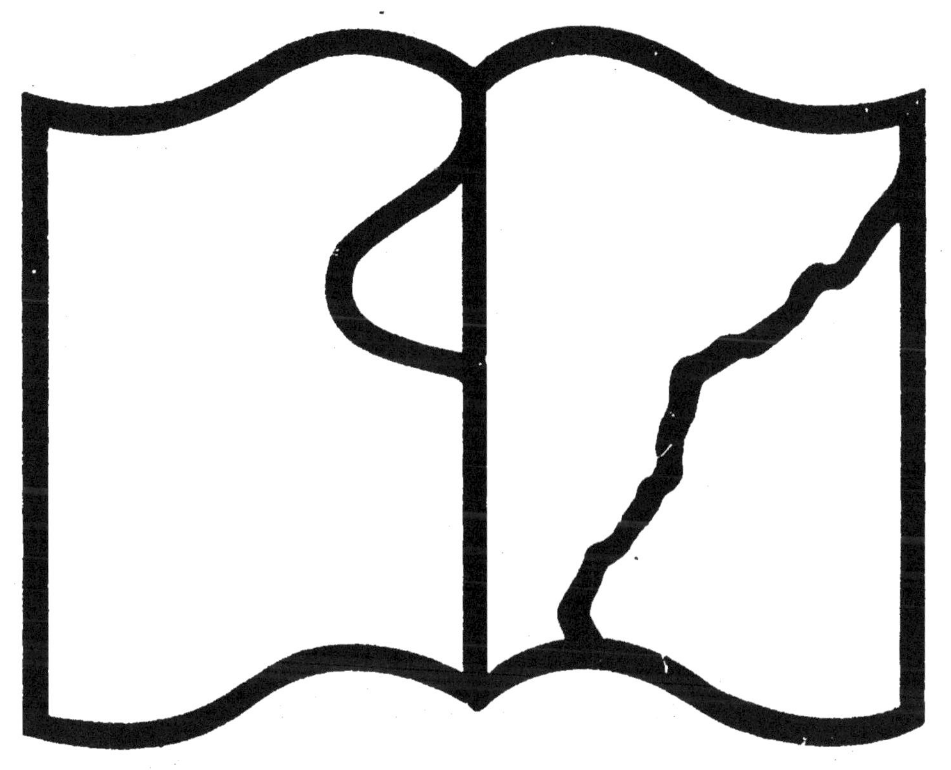

Texte détérioré — reliure défectueuse

NF Z 43-120-11

www.ingramcontent.com/pod-product-compliance
Ingram Content Group UK Ltd.
Pitfield, Milton Keynes, MK11 3LW, UK
UKHW021934070726
13614UKWH00001B/413